心一堂易學術數古籍整理叢刊
京氏易六親占法古籍校注系列

《周易神應六親百章海底眼》校注

【宋】王鼒　原著
虎易　校注

心一堂易學術數古籍整理叢刊　京氏易六親占法古籍校注系列

書名：《周易神應六親百章海底眼》校注
系列：心一堂易學術數古籍整理叢刊　京氏易六親占法古籍校注系列
【宋】王鼒　原著
虎易　校注
編輯：**陳劍聰**

出版：心一堂有限公司
通訊地址：香港九龍旺角彌敦道610號荷李活商業中心十八樓05-06室
深港讀者服務中心：中國深圳市羅湖區立新路六號羅湖商業大廈負一層008室
電話號碼：(852)90277110
網址：publish.sunyata.cc
電郵：sunyatabook@gmail.com
網店：http://book.sunyata.cc
淘宝店地址：https://sunyata.taobao.com
微店地址：https://weidian.com/s/1212826297
臉書：https://www.facebook.com/sunyatabook
讀者論壇：http://bbs.sunyata.cc

版次：二零二一年九月初版

平裝

定價：港幣　九十八元正
　　　新台幣　四百五十元正

國際書號　978-988-8582-66-2

香港發行：香港聯合書刊物流有限公司
地址：香港新界荃灣德士古道220～248號荃灣工業中心16樓
電話：(852) 2150 2100　傳真：(852) 2407 3062
電郵：info@suplogistics.com.hk
網址：http://www.suplogistics.com.hk

台灣發行：秀威資訊科技股份有限公司
地址：台灣台北市內湖區瑞光路七十六巷六十五號一樓
電話號碼：+886-2-2796-3638　傳真號碼：+886-2-2796-1377
網絡書店：www.bodbooks.com.tw
台灣秀威書店讀者服務中心：
地址：台灣台北市中山區松江路二〇九號1樓
電話號碼：+886-2-2518-0207
傳真號碼：+886-2-2518-0778
網址：www.govbooks.com.tw

中國大陸發行 零售：深圳心一堂文化傳播有限公司
地址：深圳市羅湖區立新路六號羅湖商業大廈負一層008室
電話號碼：(86)0755-82224934

心一堂微店二維碼

心一堂淘寶店二維碼

《京氏易六親占法古籍校注》總序（代自序）

中國古代的占卜預測，源遠流長，林林總總，類型繁多。例如：龜卜占、象占、星占、夢占、風角鳥占、拆字占、手面相占、奇門、六壬、太乙、四柱八字、六爻占、六親占、梅花易占、紫微占、雜占等各種術數占卜預測方法。《左傳》、《國語》、《史記》以及二十五史和各種古代筆記等著作，就記錄有很多預測的占例。清代《欽定四庫全書》，將各種預測類的書籍，統歸於《子部•術數類》，因此，各種預測的方法和門類，又可統稱為「術數」。「京氏易六親占法」，就是這些術數中的一個獨立的預測種類。

（一）

「京氏易六親占法」，是西漢•京房創立的以易經為基礎，採用納甲、五行、六親等各種體例，納入卦中的一種預測方法，也是各種術數中比較系統和成熟的方法。據《漢書•眭兩夏侯京翼李傳》記載：「京房字君明，東郡頓丘人也。治《易》，事梁人焦延壽」。又曰：「房本姓李，推律自定為京氏」。又曰：「其說長於災變，分六十四卦，更直日用事，以風雨寒溫為候，各有占驗。房用之尤精。好鐘律，知音聲」。《漢書•儒林傳》曰：「京房受《易》梁人焦延壽。延壽云：『嘗從孟喜問《易》』。會喜死，房以為延壽《易》即孟氏學，翟牧、白生不肯，皆曰非也。至成帝時，劉向校書，考《易》說，以為諸《易》家說皆祖田何、楊叔元、丁將軍，大誼略同，唯京氏為異，倘焦延壽獨得隱士之說，托之孟氏，不相與同。房以明災異得幸，為石顯所譖誅，自有傳。房授東海殷嘉、河東姚平、河南乘弘，皆為郎、博士。由是《易》有京氏之學」。「自武帝立《五經》博士，開弟子員，設科射策，勸以官祿」。「至元帝世，復立《京氏易》」。「京氏易」在漢代元帝時被立為博士，足以證明其學說，是當時具有很高學術地位和學術價值的。

《欽定四庫全書》提要記載：「《京氏易傳》三卷，漢•京房撰、吳•陸績注」。「績有易注，已著錄房所著有《易傳》三卷，《周易章句》十卷，《周易錯卦》十卷，《周易妖占》十二卷，《周易占事》十二卷，《周易守株》三卷，《周易飛候》九卷，又六卷《周易飛候》，《六日七分》八卷，《周易四時候》四卷，《周易混沌》四卷，《周易委化》四卷，《周易逆刺占災異》十二卷，《易傳積算法、集占條例》一卷。今惟《易傳》存」。從以上記錄可以知道，京房的著作，唯有《京氏易傳》得以保存下來，絕大多數都已經亡佚。

南宋•晁公武(約1104—約1183年)《郡齋讀書志》曰：「景迂嘗曰：余自元豐壬戌偶脫去舉子事業，便有志學易，而輒好王氏。本妄以謂弼之外，當自有名象者，果得京氏傳。而文字顛倒舛訛，不可訓知。迨其服習甚久，漸有所窺，今三十有四年矣，乃能以其象數，辨正文字之舛謬。於邊郡山房寂寞之中，而私識之曰：是書兆《乾》《坤》之二象以成八卦，凡八變而六十有四。於其往來升降之際，以觀消息盈虛於天地之元，而酬酢乎萬物之表者，炳然在目也」。從以上記錄可知，目前傳世的《京氏易傳》，是北宋•晁景迂經歷三十四年的研究後，重新編排整理成書的。

唐宋以前記錄有「京氏易六親占法」相關資料，惟有元代胡一桂收錄的晉代郭璞的《郭氏洞林》了。

《火珠林》是目前存世的「京氏易六親占法」的第一本系統性著作，作者題為「麻衣道者」，後人據此認為，大約是唐末宋初的作品。宋人項世安（1129－1208）謂：「以京房考之，世所傳《火珠林》即其遺法，《火珠林》即交單重拆也」。張行成亦謂：「《火珠林》之用，祖於京房」。《朱子語類》曰：「卜卦之錢，用甲子起卦，始於京房」。又云：「今人以三錢當揲蓍，乃漢•焦贛、京房之學」。

自《京氏易傳》、《火珠林》重新問世，其後宋、元、明、清時期，又有《卜筮元龜》、《海底眼》、《天玄賦》、《黃金策》、《易林補遺》、《易隱》、《易冒》、《增刪卜易》、《卜筮正宗》等著作，以及《卜筮全書》、《斷易天機》、《易隱》等輯錄本著作面世，經歷代作者不斷實踐，修改、注釋、補遺，使「京氏易六親占法」這種優秀的文化遺產，得以不斷傳承和完善。

（二）

為了讓讀者對「京氏易六親占法」系列古籍著作，有個初步的瞭解，下面對選擇、注釋和整理的「京氏易六親占法」系列古籍著作，選擇的校錄版本及內容，做一個簡單的介紹，供讀者參考。

京氏易六親占法古籍著作叢書之一《京氏易傳》：

作者：漢・京房：（公元前77年—前37年。）據【明・兵部侍郎范欽訂】「天一閣」本，作為校錄底本，參考《漢魏叢書・明・新安程榮校》本，及《欽定四庫全書》，校注整理。字數大約4. 1萬。

《京氏易傳》，是漢代・京房的著作，據《郡齋讀書志》晁公武曰：「漢《藝文志》易京氏凡三種，八十九篇。隋《經籍志》有《京氏章句》十卷，又有《占候》十種，七十三卷。唐《藝文志》有《京氏章句》十卷，而《易占候》存者五種，二十三卷。今其章句亡矣。乃略見於僧一行及李鼎祚之書。今傳者曰《京氏積算易傳》三卷，《雜占條例法》一卷，或共題《易傳》四卷，而名皆與古不同。今所謂《京氏易傳》者，或題曰《京氏積算易傳》者，疑隋、唐《志》之《錯卦》是也。《雜占條例法》者，疑唐《志》之《逆刺占災異》是也。《錯卦》在隋七卷，唐八卷，所謂《積算》《雜》《逆刺占災異》十二卷是也。至唐，《逆刺》三卷，而亡其八卷。元佑八年，高麗進書，有《京氏周易占》十卷，疑隋《周易占》十二卷是也。是古易家有書，而無傳者多矣。京氏之書，幸而與存者才十之一，尚何離夫師說邪」？目前京房的著作，繼續傳世的僅《京氏易傳》，其他著作均已亡佚。《京氏易傳》構建了「京氏易六親占法」的的理論基礎，以及六親體系架構，為該占法提供了理論和體系上的重要框架。

京氏易六親占法古籍著作叢書之二（一）《郭氏洞林》

作者：晉•郭璞：（公元276年—324年）。元•胡一桂抄錄。據《欽定四庫全書•周易啟蒙翼傳•外篇》本，作為校錄底本，參考《欽定古今圖書集成》理學彙編經籍典•易經部•易學別傳十一•晉《郭璞洞林》，校注整理。字數大約0. 8萬。

《郭氏洞林》是最早集錄郭璞卦例的著作，其收錄的十三個卦例，對於後來的學者，研究郭璞的占法及其思路，是很好的原始資料，對於研究郭璞的易學思想和占法，具有一定的參考價值。

京氏易六親占法古籍著作叢書之二（二）《周易洞林》：

作者：晉•郭璞：（公元276年—324年）。清•王謨輯。據清嘉慶3年王謨刻本，作為校錄底本，校注整理。字數大約1. 4萬。

《周易洞林》在《郭氏洞林》的基礎上，又從其他古籍中，收錄了一些關於郭璞的卦例和事例，對於研究郭璞的思想和占法，具有一定的參考價值。

京氏易六親占法古籍著作叢書之三《易洞林》：

作者：晉•郭璞：（公元276年—324年）。清•馬國翰輯。據虛白盧藏嫏嬛館補校本，即《玉函山房輯佚書》本，作為校錄底本，校注整理。字數大約2. 4萬。

《易洞林》也是在《郭氏洞林》和《周易洞林》的基礎上，又從其他古籍中，收錄了一些關於郭璞的卦例和事例，對於研究郭璞的思想和占法，具有一定的參考價值。

京氏易六親占法古籍著作叢書之四《火珠林》：

作者：麻衣道者。相傳為唐末宋初時期的著作。據虛白盧藏《漢鏡齋秘書四種•火珠林》本，作為校錄底本，校注整理。字數大約5. 9萬。

《火珠林》這本著作的問世，為「京氏易六親占法」的應用，提供了第一本系統的著作。該著作對京氏易的體例進行了論述，也用一些占例，解說了「京氏易六親占法」的應用方法，本書對於研究「京氏易六親占法」，具有很高的學術價值，也具有很重要的研究和參考價值。

京氏易六親占法古籍著作叢書之五《增注周易神應六親百章海底眼》，簡稱《增注海底眼》：

作者：王鼒；重編：何侊、信亨。南宋•淳佑（甲辰年•公元1244年）。據《續修四庫全書》一〇五五冊•子部•術數類《增注周易神應六親百章海底眼》本，作為校錄底本，參考「國家圖書館•古籍館」清代抄本，校注整理。字數大約2萬。

《增注海底眼》這本著作，著重論述了一些基本概念和知識，以及五行的對應方法和應用，並編制大量歌訣，幫助讀者理解和記憶。特別是對六親的概念，進行了重點論述，本書是「京氏易六親占法」體系中的一本重要著作，對於研究「京氏易六親占法」传承，具有比較重要的研究和參考價值。

京氏易六親占法古籍著作叢書之六《大易斷例卜筮元龜》，簡稱《卜筮元龜》：

作者：元·蕭吉文。元·大德十一年（丁未年·公元1307年）。據日本京都大學附屬圖書館《大易斷例卜筮元龜》手抄本上卷本，作為校錄底本，參考《斷易天機》輯錄資料，校注整理。字數大約9.5萬。

《卜筮元龜》這本著作，在國內基本已經失傳了，這次是根據日本京都大學附屬圖書館《大易斷例卜筮元龜》手抄本，校對注釋整理的。該著作首次附入大量配圖，補充了「京氏易六親占法」應用的很多基礎知識和概念，並首次提出了「以錢代蓍法」的成卦方法，將「京氏易六親占法」占卜預測分門別類，作了進一步的細化，本書也是「京氏易六親占法」體系中的一本重要著作，對于研究「京氏易六親占法」传承，具有很重要的研究和參考價值。

京氏易六親占法古籍著作叢書之七《周易尚占》：

作者：元·李清庵。元·大德十一年（丁未年·公元1307年）。據《四庫全書存目叢書·子部·術數類·周易尚占》本，作為校錄底本，校注整理。字數大約4.2萬。

《周易尚占》這本著作，是與《卜筮元龜》為同一時期的作品，首次附入十幅配圖，補充了「京氏易六親占法」應用的一些基礎知識和概念，下卷有六十四卦納甲、世應等內容，並有六十四卦的詩歌斷例，具有一定的參考價值。

京氏易六親占法古籍著作叢書之八《新鍥纂集諸家全書大成斷易天機》，又稱為《增補鬼谷源流斷易天機》（寶善堂梓行），簡稱《斷易天機》：

作者：明•劉世傑。明•嘉靖十七年（戊戌年•公元1538年）。豫錦誠•徐紹錦校正；閩書林•鄭雲齋梓行本，作為校錄底本，參考《卜筮元龜》、《卜筮全書》等著作，校注整理。字數大約39.6萬。

《斷易天機》這本著作的初版，在國內基本已經失傳了，這次是根據心一堂據日本傳本影印版校對注釋整理的。本書是「京氏易六親占法」的第二個匯輯本，收錄了此前「京氏易六親占法」各種著作，各種基礎知識理論和實踐方法內容，特別是首次出現了「鬼谷辨爻法」這種六親爻位的對應方法，為「京氏易六親占法」的應用，提供了預測分析的思路，擴展了預測分析的信息。這本著作，是「京氏易六親占法」系列古籍中的一本重要著作，對於研究「京氏易六親占法」傳承，具有很重要的研究和參考價值。

京氏易六親占法古籍著作叢書之九《易林補遺》：

作者：明•張世寶。萬曆三十四年（丙午年•公元1306年）。據《易林補遺》初版本，作為校錄底本，校注整理。字數大約14.5萬。

《易林補遺》這本著作，對「京氏易六親占法」以前各種著作的缺失，進行了一些分析和補充。作者雖然是一個盲人，但不迷信於鬼神，根據當時社會上普遍存在的有病則求神問卜的現象，他主張有病應該找醫生治療，避免殘害生命以及造成錢財的浪費。他提出了「爻爻有伏有飛，伏無不用」的論述，把「飛伏」的應用方法，更加彰顯出來。並成功的將「反吟」、「伏吟」的概念，納入「京氏易六親占法」體系，使這個體系的應用更加完備。

京氏易六親占法古籍著作叢書之十《卜筮全書》：

作者：明•姚際隆。崇禎三年（庚午年•公元1630年）。據《卜筮全書》初版本，作為校錄底本，校注整理。字數大約34.8萬。

《卜筮全書》這本著作，是「京氏易六親占法」的第一個匯輯本，首次正式納入了《天玄賦》這本著作。現存的書籍，是後來修訂的版本，首次正式納入了《黃金策》，對京氏易占法的理論和實踐體系，比較全面的進行了彙編，具有很重要的研究和參考價值。

京氏易六親占法古籍著作叢書之十一《易隱》：

作者：明•曹九錫（明•天啟五年前後•公元1625年前後）。據「國家圖書館•古籍館」最早版本，作為校錄底本，參考清代多個版本，校注整理。字數大約21.3萬。

《易隱》這本著作，應該是「京氏易六親占法」的第三個匯輯本，書中引錄了大量古籍資料。特別是其中「身命占」和「家宅占」的內容，將預測分類更細，也為後來的學者，提供了一個細化分析的基本框架，具有重要的研究價值。

京氏易六親占法古籍著作叢書之十二《易冒》：

作者：清•程良玉。清•康熙三年（甲辰年•公元1664年）。據江蘇巡撫採進本，作為校錄底本，校注整理。字數大約12.7萬。

《易冒》這本著作，作者雖然也是一位盲人，但他對於很多基礎知識，進行追本求源，並對其來源及推演方法，進行了論述。對於各種成卦方式，他提出了自己的看法，對幫助讀者打破迷信，樹立客觀的思想，起到重要作用。本書在學術研究上，具有一定的價值。

京氏易六親占法古籍著作叢書之十三《增刪卜易》：

作者：清•李文輝。清•康熙二十九年（庚午年•公元1690年）。據清•康熙年間古吳陳長卿刻本《增刪卜易》爲底本，作為校錄底本，校注整理。字數大約25.2萬。

《增刪卜易》這本著作，對「京氏易六親占法」的應用，化繁為簡，提出採用指占之法，讓信息直接切入預測的核心。又提出分占之法，便於釐清不易辨別的問題，避免信息產生混淆。同時，還提出了多占之法，用以追蹤求測人所疑，查找產生問題的原因，尋找出解決問題的方法。當設計出解決問題的方法後，還可以檢驗其是否具有解決問題的功能。本書在學術研究上，具有一定的價值。

京氏易六親占法古籍著作叢書之十四《卜筮正宗》：

作者：清•王洪緒。清•康熙四十八年（己丑年•公元1709年）。據清初刻本，作為校錄底本，校注整理。字數大約21.8萬。

《卜筮正宗》這本著作，對《黃金策》的注釋部分，有自己獨特的見解。對當時社會上存在的一些問題，也做出了自己的回答。對十八個類型的問題，也進行了論述。不足之處，在於作者為了強求對應，篡改了《增刪卜易》一些卦例的原始內容，這些需要讀者注意的。

京氏易六親占法古籍著作叢書之十五《御定卜筮精蘊》：

作者不詳，大約是清代的版本。據《故宮珍本叢刊》本，作為校錄底本，校注整理。字數大約7.5萬。

《御定卜筮精蘊》這本著作，是「京氏易六親占法」體例的一個精編本，大量內容都是從之前的古籍中來。作者去粗取精，去偽存真，也是具有一定研究價值的著作。

【編按：以上大部分版本，輯入《心一堂易學經典叢刊》或《心一堂術數古籍珍本叢刊》】

（三）

我為什麼要把這些古籍著作，定名為「京氏易六親占法」呢？我這樣做，既是為了統一學術稱謂，也是為了給「京氏易」正名，使「京氏易」占法不至於与其他占卜方式混淆。

《京氏易傳》是將六十四卦，分屬乾、震、坎、艮、坤、巽、離、兌八宮，一宮統八卦。八宮所屬五行，乾、兌宮屬金，震、巽宮屬木，坎宮屬水，離宮屬火，坤、艮宮屬土。每個卦所附「父母、官鬼、兄弟、子孫、妻財」等六親，是根據這個卦原來所屬之宮的五行，按「生我者為父母、我生者為子孫、尅我者為官鬼、我尅者為妻財、比和者為兄弟」的體例，推演得來的。預測時以六親類比事物的爻，也稱為「用神」，「用爻」，「用事爻」等等，用來分析事物的吉凶發展趨勢。

《火珠林•序》曰：「繼自四聖人後，易卜以錢代蓍，法後天八宮卦，變以致用，實補前人未備之一端，見《京房易傳》，未詳始自何人。先賢云：『後天八宮卦，變六十四卦，即《火珠林》法』，則是書當為錢卜所宗仰也，特派衍支分，人爭著述，炫奇標異，原旨反晦。今得麻衣道者鈔本，反覆詳究。其論六親，財官輔助，合世應、日月、飛伏、動靜，並尅害、刑合、墓旺、空沖以定斷。與時傳易卜，同中有異，古法可參。如所云『卦定根源，六親為主，爻究傍通，五行而取』，即《京君明海底眼》『不離元宮五向推』之旨也」。

《增注海底眼•六親》曰：「六親占法少人知，不離元宮五向推」。本書提出「六親占法」的概念，我認為「六親占法」是最能代表京氏易預測體系特徵的名稱，比之「納甲占法」和「六爻占法」的說法，更為名實相符，客觀合理一些。

基於京氏易預測體系的特徵，我認為，凡採用京氏易體系預測理論及方法，就應該稱為「京氏易六親占法」，或者稱為「京氏易六親預測法」，或簡稱為「六親占法」、「六親預測法」為宜。

《論語•子路》曰：「子曰：『必也正名乎』」，「名不正，則言不順；言不順，則事不成」。經歷了二十多年的混亂，現在是到了應該為「京氏易六親占法」正名的時候了。為什麼要為「京氏易六親占法」正名呢？只有名正，實符，稱謂統一，大家交流才會順暢，有共同語言，理解才不會產生歧義，進行學術的研究才能進入正軌。同時，也可以讓後來的學習者，不被社會上各種廣告性名詞所欺騙和誤導。

從古至今，都有學者提出以「納甲」命名的名稱，他們是根據「京氏易」體系，將每個卦納入天干的特徵而命名的。我們知道，京氏易體系，除了納入天干，還有納入地支，五星，二十八宿，六親等各種內容，而「納甲」并非是具有「京氏易」占法主要特徵的名稱。當然，也有占卜書籍，根據採用金錢搖卦的起卦方式，命名為「金錢占卦法」的。

上世紀九十年代後，社會上「大師輩出」，他們提出很多新奇的名詞，比如什麼「太極預測法」、「無極預測法」。我們看看《漢典》對「太極」和「無極」的解釋：古代哲學家稱最原始的混沌之氣為「太極」。天地混沌未分以前，稱為「太極」。「中國古代哲學中認為形成宇宙萬物的本原。以其無形無象，無聲無色，無始無終，無可指名，故曰無極」。從《漢典》的解釋看，很顯然，這兩種命名與「京氏易」預測方式是不吻合的，這樣的名詞，只是為了吸引讀者眼球，採用新奇的名詞而已。

至於社會上還流傳的「六爻預測法」、「新派六爻法」、「盲派六爻」、「道家六爻」，「道家換宮六爻」等等名稱，不一而足，無非是為了標新立異。以上各種名稱，以簡稱「六爻」者為多，因此，「六爻」這個名詞，就成為民間大眾對「京氏易六親占法」的俗稱了。

「六爻」這個名稱，是以卦有六個爻的特徵命名，是古代經學的代表名稱，在「京氏易」占法中，並不具有代表性。我們應該知道，古人經學所稱的「六爻占」法，是採用卦爻辭和象辭進行預測的方法，如《新鍥纂集諸家全書大成斷易天機》第三、四卷，其中就有「六爻詩斷」的內容，讀者可以參閱。

還有人將「京氏易六親占法」體系的預測方法，分成什麼「傳統派」，「新派」，「象法派」，「理法派」、「盲派」等等，這些名稱，只能是某一個類型的表示，與京氏易採用「象數理占」為一體的預測方式，是不能類比的。

由於社會上紛紛擾擾的各種說法，導致大家對京氏易預測方法產生混亂的看法，致使大家在交流時，產生了學術上的一些混亂。

我認為，早期邵偉華先生用《周易預測學》的名稱，是為了避免當時意識形態影響的原因而採用的名稱，但之後出現的各種名稱，無非是為了標新立異，吸引讀者眼球，或是有欺騙讀者的廣告嫌疑。因此，現在已經到了必須為「京氏易六親占法」正名的时候了。

（四）

根據我在社會上和網絡上的多年學習和實踐觀察，發現目前在「京氏易六親占法」學習上，普遍存在著一些誤區，應該引起大家的注意。

一是由於國家對於術數，持比較低調的態度，出版的古籍由於選擇底版的不足，即使是正規出版的書籍，因編輯自身能力的原因，也存在太多錯誤，或者出現一些缺漏，影響了讀者的正常學習。加上這二十多年來，「大師」輩出，他們印刷了很多並非合法的資料，還有一些人，將一些資料東拼西湊成書，更是誤導了很多讀者。

二是有些人認為，「京氏易六親占法」不如「三式」準確，「三式」才是術數中最好，最準確的。《四庫全書總目•術數二•六壬大全》：「六壬與遁甲、太乙，世謂之三式」。根據我和很多朋友的交流和實踐，我認為，術數無高低之分，只有學得好與不好之別，沒有任何一門術數可以稱為是最準確和最好的。讀者應該根據各自的興趣愛好，選擇適合自己學習種類。

三是有些人認為，只有找「大師」學習，得到所謂秘訣，才能學好用活。我們知道，早期由於歷史的原因，古籍資料獲得不易，大家尋求不到可以學習的資料，因此造成很多不明真相的後學，被一些「大師」矇騙錢財。我認為，學習任何術數，都沒有所謂的秘訣，只有基礎知識扎實，才是最好的秘訣。另外，在網絡上，很多群和聊天室，大多數人都還停留在猜謎語式的猜測中，不能客觀的運用「象數理占」的基本分析方法，去進行分析判斷，既可能誤導求測人，又對自己的學習無益，這樣的現象是不太正常的。我認為在現代社會，每個人都可以利用網絡，獲取各種資料信息，應該多讀一些書，多和不同的人去交流，利用網絡資源去學習，在實踐中去加深對理論和基礎知識的理解，要把每一個求測人都當作老師，從他們反饋的客觀信息，不斷有意識、有條理的訓練自己。只要不斷努力積累各種基礎知識以及社會常識，勤於記錄，多作積累，自然就能學得好、用得活。當然，如果有機會和條件的話，有老師指導學習，是可以少走一些彎路的。對於有自學能力的人來說，只要有精良的書籍版本，自學也是可以成功的。

四是有些人認為，「京氏易六親占法」預測，只有採用乾隆銅錢搖卦，才是最準確的。據可考的古籍記載，我國最早的成卦方式，應該是「蓍草揲蓍」法，即分數蓍草，得數以成卦的方法。除此之外，後世的先賢們，還創造了多種成卦的方法，例如「以錢代蓍」，「風角」，「字畫」，「數字」等各種成卦方法，讀者可參考《梅花易數》及其他相關書籍，去瞭解這些應用方法。對於各種成卦方式，古今均有各種非議，即使是目前被大家認同的「以錢代蓍」法，據《易隱》記載，也曾經被京房之師焦延壽批評過。《易隱・以錢代蓍法》曰：「焦延壽曰：今人以蓍草難得，用金錢代之。法固簡易，非其類矣。求蓍之代者，太極丸其庶幾乎。考諸陰陽老少之數，則合。質諸成爻成卦之變，則符。合二三得五，是五行之數也。計一丸得十五，是河圖中宮十五之數，洛書縱橫十五之數也。刑同六合，道備三才，甚矣。木丸之似蓍草也，則猶從其類也。金錢簡易云乎哉」。

現代的「大師」們，跟隨古代一些崇古的人，發展了這種崇古的思維。他們認為，乾隆銅錢具有良好的導電性，可以傳遞什麼古代信息，殘存信息，未來信息等等，因此只有採用乾隆銅錢成卦才是最好的，還有人認為，應該採用五帝錢成卦，信息量就大，還有人認為，應該採用「五帝」錢成卦，信息量就大，信息才準確。如果採用其他的銅錢成卦，就可能會造成信息不準確。如果採用數字起卦，或者其他方式成卦，則會造成信息量不足，更不準確了。

我認為，以上這些說法，是十分滑稽可笑和荒謬的，沒有任何理論和實踐的依據。試問，如果說銅的導電性好，那麼銀比銅的導電性更好，為什麼不採用銀幣呢？這都是出於他們崇古的思維，或限於他們自己僅會某種方法，或出於其他目的，或出於他們並沒有真正理解《易經》「感而遂通」之理，均屬無稽之談，讀者不可盲目迷信。

《易冒•自序》曰：「古之人，有以風占、鳥占、諺占，言語卜、威儀卜、政事卜，是無卜筮，而知吉凶也。況蓍草、金錢、木丸之占，而必執同異相非乎」？又曰：「愚以為：易者，象也；象也者，像也。其辭則異，其象則符。但告於蓍則以蓍占，告於五行則以五行占，告於焦氏則以焦氏占可也。其成卦成爻一也」。三百五十年前的一个盲人作者，尚且具有如此見識，實可令以上非議之人汗顏。

我認為，時代在不斷變化，我們現在已經進入電腦手機時代，很多網上的排盤系統，都是十分快捷的方法。為人預測和給自己預測，不管採用何種方式成卦，都可以獲取與求測的人和事物相關的客觀信息。各種成卦方式的原理，不在於採用乾隆銅錢所謂「導電性」是否良好，而是在於《易傳》所說的「感而遂通」。其要點在於，求測人求測時的「一念之誠」，即客觀的說明需要預測的事物，不可雜亂。

五是有些人認為，預測的結果，吉凶應該就是唯一的。我們知道，人們預測的目的，就是為了「趨吉避凶」，不是僅僅需要知道一個所謂吉凶的結果，而是希望讓事物能夠向有利於自己的方向，避開不利於自己的方向，得到有效改善和發展。這樣不是很矛盾嗎？既然吉凶的結果是唯一的，如何又能「趨吉避凶」呢？預測又有什麼意義呢？換言之，既然可以「趨吉避凶」，那吉凶結果就不可能是唯一的，是可以因人因事而發生改變的。以上兩種看法，看似悖論。

「京氏易六親占法」，給看似無序的天地和人事，架構了一個對應的坐標。利用這個坐標，我們就可以分析、判斷、選擇出有利於我們的為人處世方式。客觀的說，任何預測方法，任何人預測，都不可能和客觀的事物完全準確對應，總是存在有不對應的情況發生。大多數時候，求測人所需要面對的，是對於未來事物的發展，如何去選擇的取捨問題。因此，預測師要根據卦中顯示的信息，客觀的解讀，幫助求測人找到存在的問題，以及產生問題的原因，指導求測人改善不客觀的認識，尋找正確的方法，以達到「趨吉避凶」的目的。

《增刪卜易•趨避章》曰：「聖人作易，原令人趨吉避凶。若使吉不可趨，凶不可避，聖人作之何益？世人卜之何用」？

我們也必須知道，並不是所有的人和事物，都是可依主觀的變化而發生改變的。這是需要求測人能按照預測師的指導，自己首先認識，按照可以向好的方向轉化的方式，堅持努力調整，才可以達成事物向有利於自己的方向去發展的。如果求測人不能認識，即使知道問題所在，也不願意去努力調整，那麼事物就會沿著之前的方向運行下去。

我的看法，預測是對事物發展過程，發展趨勢的分析判斷，其預測結果也並非是唯一的，可因人、因事而發生改變。對於有些已經發生，或者處於事物運行過程末端，已經無法改變的事物，其結果可能就是唯一的。例如面臨高考，已經沒有時間改善，那麼，考試成績的結果就是唯一的。再如已經懷孕，測懷孕的是男是女，結果也必然是唯一的。對於有些還未發生，或者正處於運行過程開始的事物，其結果可以因求測人的主觀變化和調整，而發生改變，其最後的結果，就並非是唯一的了。例如測以後的高考成績，則可以根據學生的客觀情況，指導其在生理、心理的調整，學習環境、學習方法的調整方面，做出有利的改善，幫助提高學習的成績。再如測找工作，可以根據客觀的信息，指導求測人在有利的時機、有利的方位去尋找，可以做到事半功倍。

六是有些人認為，應期要絕對的對應。當然，我們應該知道，應期的問題，是一個比較複雜的問題，每個卦中，能顯示應期的方式是多樣性的。我們在實踐中會經常發現，應期會出現早一些和晚一些的情況。究其原因，除了預測師的自身能力以外，還有一個不能忽視的原因，即時間和空間的不確定性。愛因斯坦的廣義相對論認為：「由於有物質的存在，空間和時間會發生彎曲，而引力場實際上是一個彎曲的時空」。因此，在時空發生彎曲的情況下，出現不能完全對應的情況，是客觀存在的，也是我們必須客觀面對的。

七是社會上出現的所謂「象法派」，「理法派」，看似新的流派。「象法派」重於象而輕於理，「理法派」重於理而輕於象，這兩者各有偏頗，偏廢一端，這都是不可取的。我們知道，「象數理占」在京氏易預測分析中，是一個整體，不可偏廢。我們應該綜合應用「象數理占」的方法，整體思維，整體分析為宜。

（五）

我們學習古代的術數方法，一方面要傳承古人的優秀文化，另一方面更要挖掘古人的智慧和方法，要結合當時的時代特徵，擴展更加廣闊的應用領域。

一是要在繼承古代優秀文化的基礎上，善於吸取古人的智慧，充分挖掘古籍的信息。有些已經發現的應用方法，例如元代著作《大易斷例卜筮元龜•占家內行人知在何處章》曰：「凡占行人在何處，子變印綬父母擬」，注釋曰：「以卦所生為爻。假令《困》卦，五月卦屬火，則丁未為子爻，戊寅為父母也」，這裡隱含的提出了轉換六親的概念。由於作者沒有清晰的注釋說明，六親轉換的內容比較含糊，以致很難被讀者發現和理解。《新鍥斷易天機》轉錄此內容為：「凡占行人在何處，子變應爻父母擬」，將原文的「印綬」兩字，錯錄為「應爻」兩字，導致讀者根本無法理解，以至於後來的著作，就沒有這樣的內容了，致使「轉換六親」的方法幾乎失傳。

我在校對整理這些古籍時，看到了這樣零星的材料，按照其原理進行還原，知道了這種轉換的方法。經過多年的應用實踐，我認為認識和掌握了這種轉換的方法，我們就可以從卦中，獲取與求測人相關的更多信息，甚至發現很多用常規方式，不可能發現的信息、隱蔽的信息。可以幫助我們，尋找影響求測人和事物關係的背後原因，便於更好的為求測人提供分析和化解的有效服務。

幾種轉換六親的方式如下：

1、以世爻為「我」轉換六親。

2、以用神為「我」轉換六親。

3、以月卦身為「我」，進行轉換六親。

4、以卦中的任一爻為「我」轉換六親。

有些還沒有發現，或者古籍中還存在的隱藏線索，或者古人沒有說透的概念，例如納音的應用，也需要讀者，或者後來的學者，去不斷挖掘，不斷研究，不斷完善。

二是要在繼承的基礎上，將古人成熟的應用方法，歸納整理，擴展更寬的應用領域。

例如「象數理占」，這是京氏易預測的基本方法，所謂「象」，即事物基本的屬性具象。簡單歸納如下：

一、卦宮象：如乾宮，坤宮象等。

二、內外象：如外卦主外、高、遠象；內卦主內、低矮、近象。

三、爻性象：如陽爻有剛象，陰爻有柔象。陽主過去象，陰主未來象等。

四、爻位象：如初爻元士，二爻大夫等象。初爻主腳，三爻主腹，六爻主頭等象。

五、五行象：如甲乙寅木屬木，丙丁巳午屬火等象。五行表示對應的時間、空間之象。

六、六親象：如父母爻主父母、長輩、文章、老師、論文、文憑、證件、證據、防護裝備，信息物品等象。

七、六神象：如青龍主喜，主仁、酒色等象。

八、進退象：如寅化卯為進，卯化寅為退等象。

九、世應象：世為己，應為人；婚姻關係，合作關係等象。

十、卦名象：如「夬」有抉擇之象，「蠱」有內亂之象。

十一、卦辭象：如乾卦象曰：「天行健，君子以自強不息」等預示之象。

十二、爻辭象：如乾卦初九象曰：「潛龍勿用，陽在下也」等預示之象。

十三、納音象：如甲子乙丑海中金之類象。

十四、時間象：如：寅卯辰表示春季，巳午未表示夏季；子水表示夜半，午火表示中午等等。

十五、方位象（空間之象）：如子水北方之象，午火南方之象等等。

十六、理象：（道理、義理、原理、事理）：如：生尅制化，刑沖合害等五行運行基本原理之象。

再如飛伏方法的應用，《易林補遺》曰：「爻爻有伏有飛，伏無不用」，但作者又認為飛伏的應用，僅僅是「若卦內有用神，不居空陷，不必更取伏神。如六爻不見主象者，卻取伏神推之」。

我們知道，伏神表示隱藏的信息。因此世爻下的伏神，是可以表示求測人的潛意識，或者內心思維的。從伏神與飛神的關係，可以得知求測人自身的心理狀態。另外，如世下伏神與應爻沖尅，也可以表示求測人與對方內心抵觸，或者言語衝突。

三是在學習的過程中，不能迷信古人，認為古人所論都是對的。要根據京氏易的基本原理和方法，不斷的創新思路，尋找更多更好的應用方法。

例如預測疾病，《天玄賦》論疾病曰：「決輕重存亡之兆，專察鬼爻。定金木水火之鄉，可分症候」，古人基本上是以官鬼爻去論病。

例如：癸巳年　壬戌月　辛亥日　丙申時，測疾病？

時間：癸巳年　壬戌月　辛亥日　丙申時（日空：寅卯）							
占事：測疾病？							
	艮宮：艮為山（六沖）				巽宮：山雷頤（遊魂）		
六神	**本　卦**				**變　卦**		
騰蛇	官鬼丙寅木	▅▅▅▅▅	世		官鬼丙寅木	▅▅▅▅▅	
勾陳	妻財丙子水	▅▅　▅▅			妻財丙子水	▅▅　▅▅	
朱雀	兄弟丙戌土	▅▅　▅▅			兄弟丙戌土	▅▅　▅▅	世
青龍	子孫丙申金	▅▅▅▅▅	應	○→	兄弟庚辰土	▅▅　▅▅	
玄武	父母丙午火	▅▅　▅▅			官鬼庚寅木	▅▅　▅▅	
白虎	兄弟丙辰土	▅▅　▅▅		╳→	妻財庚子水	▅▅▅▅▅	應

此卦午火被日令亥水，內卦三合子水相尅。卦中寅木雖然得日令生合，但逢旬空不受生。以上信息表示，求測人身體存在氣血兩虛的現象。六爻寅木雖然有日令亥水生合，內卦三合子水生，但爻遇旬空不受生，因此，會出現有頭暈的現象，並且還會有記憶力減退的現象，這是由於肝膽氣虛，運行不暢，導致腦供血不足造成的。應該找醫生去檢查，及時治療和調整。這樣去分析，才能客觀對應求測人的客觀現象。

我們既要繼承古人一些好的理論方法和應用方式，但也不必象古人那樣，執定鬼爻為病，可以根據京氏易的基本原理，和基本方法去分析判斷。

（六）

我出生於二十世紀五十年代，由於父親過早的去世，我勉強讀了個小學，雖然小學畢業時，被保送到縣里最好的中學，但由於文革和武鬥，學校都停課鬧革命，所以就沒有學上了。一九七零年，學校開始復課鬧革命，因為我們家庭生活困難，我想參加工作，為家裡減輕負擔，我也沒能繼續讀書。一九七零年六月，我還不滿十六歲，就因為得到組織上照顧，開始參加工作了，因此，我的文化基礎知識，是十分貧乏的。

進入八十年代，是中國社會開始發生大變革的時代，是人們知道文化知識貧乏，渴望讀書的時代，也是人們普遍感覺迷茫的時代，我生活於這個時代，也不可避免會產生對不可知的未來的困惑。

八十年代末期，隨著改革開放，《周易》慢慢也被解禁，國內開始了一個學習易學和術數預測的高潮。我也是這個時期，開始接觸到《易經》，從中體會到古人的一些智慧。邵偉華先生的《周易預測學》出版問世，我看到他在辦函授班，也參加了第二屆函授。後來，國家開始了搶救古籍的工作，出版了一批術數類古籍，我先後購買了這些書籍，開始進行自學。一九九三年，我得到《增刪卜易》這本著作，雖然此書編輯十分混亂，但還是引起我對「京氏易六親占法」的極大興趣。一九九五年，劉大鈞先生的《納甲筮法》出版，我從中深入瞭解到「京氏易六親占法」的基礎知識，然後長期實踐，深入研究和理解。一九九七年，我參加過山東大學周易研究中心舉辦的「首屆大易文化研討班」，這次也發了一本他們自己編寫的《增刪卜易》，對比我以前買的版本，好了很多。從此，我放棄了之前所學的其他術數方法，只對與「京氏易六親占法」相關的著作感興趣了。這個時期的自學，由於環境因素的影響，基本上是偷偷進行的。

九十年代後期，由於有了互聯網，我開始在網上和一些朋友討論和交流，在這個過程中，發現很多想學習的朋友，因為沒有資料，學習起來十分困難。基於這種情況，我開始用手頭的資料，錄入整理成電子文本，供易友們學習。再後來，隨著互聯網的發展，網上資料的增多，我經過對照發現，現代出版的古籍，錯漏太多，同時，因為古籍生僻字太多，加上沒有注釋，很多後學的朋友感覺學起來不易，也為了我自己對這一門學術研究的需要，因此，觸發了我想把「京氏易六親占法」相關的古籍，重新校注整理的想法。

我和易友鼎升，本著「為往聖繼絕學，為後世傳經典」的基本精神，十幾年來，到處搜求，各處尋找，也得到很多易友的幫助，終於收集到一批古籍資料，我從中選取有傳承價值，以及有研究價值的十幾個古籍版本，進行校對注釋整理，經歷十多年的不懈努力，終於完成了這一工作。希望能為有志於傳承這一門學術的朋友，提供最原始的資料，也希望能讓後來的學者少走彎路。

在這套古籍著作的校注整理過程中，得到「鼎升」先生的很多具體指導，以及「冰天烈焰」、「犀角尖尖」，「天地一掌中」等網友提供的原版影印古籍資料，也得到「漢典論壇」等網絡上很多朋友的幫助，在此一併向他們致謝。書中有些注釋資料，來源於網絡，未能一一加以說明，也請原作者諒解。

雖然經歷了十幾年的多次校對，注釋，整理，但書稿中不可避免還會存在一些問題，希望能得到方家的指正，也希望得到讀者的批評，在有機會的情況下，再作進一步的修訂，不至於誤導讀者。

京氏易學愛好者 湖北省潛江市 周光虎
撰於己丑年夏至日 公曆2009年6月21日 星期日
2017年9月28日9時40分星期四 重新修訂
2020年再修訂
網名：虎易
QQ：77090074
微信：wxid_e9cvbx1mugcf22
電子郵箱：tiger1955@163.com
新浪博客：http://blog.sina.com.cn/hbhy
http://blog.sina.com.cn/u/1248458677

增注周易神應六親百章海底眼

臨川　王鼐[1]　大鼎　撰
杭都　何侁[2]　信亨　重編
錢塘東齊　徐大升　進之　校正

校注整理說明

本稿錄自《續修四庫全書・一〇五五冊・子部・術數類・增注周易神應六親百章海底眼》，並參考《國家圖書館・古籍館》收藏的清代抄本，補入部分內容。

該書影印版保存有十七個頁面（四五三頁至四六八頁），尾部頁面外，左下注明「下缺」二字。從該書目錄看，後面還應有「六親用鈐」一節內容，但該內容此版本遺缺了，本稿據《新鍥纂集諸家全書大成斷易天機・六親用鈐》，補入此節內容。

《宋史・卷二百〇六・志第一百五十九・藝文五》，著錄有《通玄海底眼》一卷，目前已經不可見，不知是否為《海底眼》的最初版本。

注釋

①鼒（zī）：上端收斂而口小的鼎。

②侁（shēn）：眾多

京氏易學愛好者　湖北省潛江市　虎易

網名：虎易

QQ：77090074

微信：wxid_e9cvbx1mugcf22

電子郵箱：tiger1955@163.com

新浪博客：http://blog.sina.com.cn/hbhy

http://blog.sina.com.cn/u/1248458677

自序㈠

泥鬼為禍，不可執迷子為福。萬物隨㈡時，豈可一途而取。但以先定六親，然㈢後配其輕重。

愚自幼學易，壯參卜筮①㈣，尋師訪道，深愛占法，聞者無不相見，聽之無不欽崇②㈤。偶回湖山訪友，遇一高人，傳授六親秘訣，得其真趣。

今回閒暇，條敘紀綱，減擇③徑捷，立為卷首。

歲在淳祐甲辰仲春既望④　雙童何侁謹敘

虎易按：此影印版右邊頁面空白，從其自序的內容看，前面應該還有文字內容，但影印版已經缺損不存了。因原文缺損，據其文意，補入「自序」二字，供讀者參考。

注釋

①卜筮：泛指占卜。以龜甲的方法推斷吉凶，稱為卜。以蓍草的方法推斷吉凶，稱為筮。

②欽崇：崇敬。

③減擇：挑選，挑揀。

④淳祐甲辰仲春既望：淳祐，是南宋理宗的年號。甲辰年，即西曆1244年。仲春，指農曆二月。既望，指農曆十六日。

校勘記：

㈠「自序」，原本缺漏，據其文意補入。

㈡「隨」，原本此處缺一字，據其文意補入。

㈢「然」，原本此處缺一字，據其文意補入。

㈣「筮」，原本此處缺一字，據其文意補入。

㈤「崇」，原本作「從」，疑誤，據其文意改作。

六親雜例

日辰休囚不可用，日辰旺相，能透出用爻，能剋用爻。

爻神：旺相爻剋得休囚爻，休囚爻剋不得旺相爻。動爻剋得安靜爻，安靜爻剋不得動爻。

空爻：親爻伏藏不論空，傍爻忌空亡。出現休囚怕空，旺相不怕空。

用爻：大忌月破，出現獨發。月破者，月建對沖是也。先看財官，次分亂動，可仔細消息。

六甲空：甲子旬戌亥，甲戌旬申酉，甲申旬午未，甲午旬辰巳，甲辰旬寅卯，甲寅旬子丑。

大凡求財，財旺便有。官用，官爻旺相。

以㊀上出現，任亂動終是吉也。

校勘記：

㊀「以」，原本作「已」，按現代用字方式改作。後文遇此字，均依此例改作，不另作校勘說明。

六親所用

官鬼：宜旺相，伏藏要生世，休囚不中。
父母：宜旺相，伏藏生世皆可用。忌休囚動發不利。
妻財：宜旺相出現，伏世下要生世，皆可用。動中只宜脫貨。
兄弟：此謂隔神，忌動。
子孫：此謂散神，旺相貼世可求財，忌休囚。動發只宜散憂脫事。
用爻：宜出現旺相，忌休囚，忌動。按《正經》云：「動則凶，靜則吉也」。

虎易按：《續修四庫全書》版無「六親雜例」與「六親所用」兩節內容，此內容據《國家圖書館•古籍館》清抄本補入。

新刊周易神應六親百章海底眼目錄（前集）

生氣　（死氣　日沖　月破）
五鄉有無
男女

十類神
水爻
火爻
木爻
金爻
土爻
父母
子孫
妻財
官鬼
兄弟

周易百章海底眼前集㊀目錄終

虎易按：在此目錄之間，上有批註：「合殺合刑，淮陰受戮①。破才破鬼，李廣不封②。可愛者只中有氣，最嫌者合裡逢刑」。下有批註：「身與世同，韓愈注藍關之日③。世逢鬼對，文王悲羑里之時④」。

以上文字，應該是從《新增六神賦》⑤抄錄來的，大約是原來擁有本書的讀者自己批註在此。

注釋

①淮陰受戮：漢初，劉邦因韓信戰功卓越，封其為淮陰侯。後來韓信欲反，被其舍人弟告狀到呂後，為呂後所斬殺。參閱《漢書・卷三十四・韓彭英盧吴傳第四》。

②李廣不封：西漢時期的李廣，英勇善戰，有「飛將軍」之稱。但因各種原因，一直未能被朝廷封侯。參閱《漢書・卷五十四・李廣蘇建傳第二十四》。

③韓愈：（768～824）字退之，河陽（今河南省焦作孟州市）人，漢族。祖籍河北昌黎，世稱韓昌黎。晚年任吏部侍郎，又稱韓吏部。謚號「文」，又稱韓文公。其一生致力於興儒辟佛。時任刑部侍郎，因上《論佛骨表》，力諫憲宗「迎佛骨入大內」，觸犯「人主之怒」，差點被定為死罪。經裴度等人說情，才由刑部侍郎貶為潮州刺史。其被貶後，行至藍關，作《左遷至藍關示侄孫湘》。參閱《舊唐書・列傳卷第一百一十・韓愈》。

④文王：姓姬名昌，生卒年不詳。商紂時為西伯，建國于岐山之下，積善行仁，政化大行。因崇侯虎向紂王進讒言，而被囚於羑里，後得釋歸。益行仁政，天下諸侯多歸從。子武王有天下後，追尊為文王。後世也稱為周文王。參閱《史記·卷四·周本紀第四》。

⑤《新增六神賦》：傳為劉伯溫著。讀者可參閱《通玄斷易》。

校勘記：

㈠「前集」，原本缺漏，據目錄標題補入。

增注周易神應六親百章海底眼前集

臨川　王鼒　大鼎　撰
杭都　何侁　信亨　重編
錢塘東齊　徐大升　進之　校正

易道

古聖遺書不可輕，留傳今日顯其情，雖然易理無窮極，也要人心自曉明。

王曰：故易云：「生生之謂易，成象之謂乾，效法之謂坤，極數知來之謂占，變通之謂事，陰陽不測之謂神」。易有爻象①，壬有神煞②。京房③不知易道，亂留神煞，以誤後人，不可以煞用之。

虎易按：以《京氏易傳》考之，六親占法的基礎理論和方法，本於京房。項平甫曰：「以京房考之，世所傳《火珠林》即其遺法」。六親占法，是對六十四卦納入天干地支五行，配置六親，根據卦爻的陰陽變化，五行生剋制化、刑沖合害的基本原理，作為預測判斷的基本法則，變通應用的。

作者認為「京房不知易道，亂留神煞」，不知作者根據什麼資料，認定是京房「亂留神煞」。當然，作者對「亂留神煞，以誤後人」的行為提出批評，還是對的。作者認為，「不可以煞用之」，也表示作者對不辨陰陽之理，以神煞定吉凶，是持否定態度的。我以為，雖然不可以用神煞作為定吉凶的依據，但可以應用神煞作為取象的輔助手段，去擴展分析一些現象，還是具有一定的輔助作用的，讀者可以參考，善用則用。

《御定星曆考原•提要》曰：「然神煞之說，則莫知所起。《易緯•乾鑿度》有太乙行九宮法，太乙，天之貴神也。《漢志•兵家陰陽類》亦稱順時而發，推刑德，隨鬥擊，因五勝，假鬼神而為助。又陰陽家類，稱出於羲和之官。拘者為之，則牽於禁忌，拘於小數，捨人事而任鬼神。則神煞之說，自漢代已盛行矣。夫鬼神本乎二氣，二氣化為五行，以相生相剋為用。得其相生之氣，則其神吉。得其相剋之氣，則其神凶。此亦自然之理。至其神各命以名，雖似乎無稽，然物本無名，凡名皆人之所加。如周天列宿，各有其名，亦人所加，非所本有。則所謂某神某神，不過假以記其方位，別其性情而已，不必以詞害意也。歷代方技之家，所傳不一，輾轉附益，其說愈繁，要以不悖於陰陽五行之理者近是」。

我認為，此論應該是比較客觀的，可供讀者參考。

《增刪卜易•星煞章》曰：「諸書星煞最多。予留心四十餘載，獨驗貴人、祿、馬、天喜。然亦不能獨操禍福之權。用神旺者，見之愈吉。用神失陷，雖有如無」。

以上轉錄各書論述，供讀者參考，讀者也可以在實踐中去應用，檢驗其是否可用。

易道無窮達理深，何勞物外去求神，萬法本來歸一體，還將自己內明人。

王曰：《注鏡》云：「正統大義，後學難明。物有萬類，事有千門。達理者尋其捷徑，愚昧者枝葉千篇」。自古迄今④，本從乎一。後人不知其理，胡取胡求。有以五鄉二十五變六爻互體，有以移宮換宮，有以切充切變，有以六神⑤吉凶諸煞，有以生世剋世，有以四直⑥⑦空沖並刑。因此，往往不知捷徑，亂說經典而不驗也。

虎易按：「自古迄今，本從乎一」，作者認為，學術的基本理論和方法，應該是一致的，不應該「不知其理」，而「胡取亂求」，造成「亂說經典而不驗也」的現象。時至今日，這種「不知其理，胡取胡求」的現象依然是存在的。一些人為了自身的目的，數典忘祖，自立門派，胡編亂造，「亂說經典」，欺世盜名，矇騙讀者錢財。這樣的現象，古今都是一樣存在的。

何曰：祖師者，乃晉朝逸士無惑先生王鄯⑦，字子硌⑧，乃漢上人也。自晉離亂，竄命穴居⑨三十餘載。幸宋東興⑩，遂展其易道，引而伸之，廣追薰蕕⑪，已資教道。愚冥機⑫易理，志在安民。近代儒生恣其欺詐⑬，不窮聖課，炫耀虛詞。或一言而偶㈡中⑭，便持博，顯神祇⑮，縱一時之苟約⑯，隳⑰萬代之芳儀。赫赫市朝，憘憘悟物，悲哉！痛哉！生靈何負，萬古難憑。易本口傳，不立文字，可見世人不稟事條，自為常例。今則條敘紀綱，集成六親占法，學者審而行之，不須他慮。但究斯文，熟假令⑱之句度，故留晚進，至於後陳。

虎易按：「祖師者，乃晉朝逸士無惑先生王鄯」，此說不是很準確。《朱子語類•卷六十六•易二•卜筮》曰「卜易卦以錢擲，以甲子起卦，始於京房」。我認為，應該以漢代的京房為祖師為宜，至於「晉朝逸士無惑先生王鄯」，應該是京氏易六親占卦法的一個傳承者。

注釋

①易有爻象：一、《周易》中六爻相交成卦所表示的事物形象。二、《周易》中的爻辭和象辭。泛指《易傳》。

②壬有神煞：壬：指大六壬。神煞：指凶神惡煞。也指神通。

③京房：（西元前77—前37年），字君明，本姓李，好音律，推律自定為京氏。東郡頓丘（今河南清豐西南）人。治《易》，事梁人焦延壽，延壽字贛。贛常曰：「得我道以亡身者，京生也」。房以明災異得幸，為石顯所譖誅，年僅四十一歲。房授東海殷嘉、河東姚平、河南乘弘，皆為郎、博士。由是《易》有京氏之學。京氏撰寫了大量易學著作，《漢書・藝文志》載有：《孟氏京房》十一篇，《災異孟氏京房》六十六篇，《京氏段嘉》十二篇。《五行志》又引京房《易傳》、《易占》二書。以上京氏著作大多佚失，今只存《京氏易傳》三卷。故項安世謂：「以京房考之，世所傳《火珠林》即其遺法」。納甲六親占法，即始於京房，他開創了納甲六親占法的預測模式。參閱《漢書・卷七十五・眭兩夏侯京翼李傳第四十五》。《漢書・卷八十八・儒林傳第五十八》。

④自古迄（qì）今：從古至今。

⑤六神：青龍，朱雀，勾陳，騰蛇，白虎，玄武的總稱。也稱為「六獸」。

⑥四直：也稱為「四值」。指值年、值月、值日、值時。

⑦王鄯（shàn）：《宋史・志第一百五十九・藝文五》著錄：「王鄯《周易通神歌》一卷，中條山道士王鄯《易鏡》三卷，無惑先生《易鏡正經》二卷」。參閱《宋史・志第一百五十九・藝文五》。

⑧硌（luò）：山上的大石。

⑨竄命穴居：逃命而居住在洞穴裡。

⑩幸宋東興：宋，指南北朝時期的南朝宋（420年～479年）。南朝宋的開國皇帝劉裕，在東晉末期的亂局中趁勢崛起，最終代晉建宋，定都建康（今南京）。因國君姓劉，為與後來趙匡胤建立的宋朝相區別，故又稱為劉宋。南朝宋是南朝版圖最大的朝代，當時所謂「七分天下，而有其四」。（參見中國歷代紀元表）。

⑪薰蕕（xūn yóu）：喻善惡、賢愚、好壞等。

⑫冥（míng）機：猶天機，天意。

⑬恣（zì）其欺詐：任意用其狡猾奸詐的手段騙人。

⑭偶中：偶然吻合。

⑮神祇（qí）：指天神和地神，泛指神明。

⑯苟約：隨意得到。

⑰隳（huī）：毀壞，崩毀。

⑱假令：假設。

校勘記：

㊀「直」，原本作「營」，疑誤，據其文意改作。

㊁「偶」，原本作「忤」，疑誤，據其文意改作。

六親

六親占法少人知，不離原㈠宮五鄉㈡推，動變虧盈隨本卦，日月生扶取剋期。

王曰：六親者，乃八卦之主也。凡類事爻，只取本宮為實。一宮管八卦，六十四卦皆先看原㈢屬其卦，然後論之。

何曰：假令以乾宮一卦為例，餘皆倣此。

▅▅▅	壬戌土	父母
▅▅▅	壬申金	兄弟
▅▅▅	壬午火	官鬼
▅▅▅	甲辰土	父母
▅▅▅	甲寅木	妻財
▅▅▅	甲子水	子孫

世為我之主，應為彼，本宮為卦。直符四時分向背，日直取剋生沖合。出現取刑墓空亡。

又云：用爻伏是我，爻上飛是彼。有動看動爻，安靜看有氣爻。若占官司、疾病，如六爻安靜，先看世下伏爻因何而得。

虎易按：「六親占法少人知，不離原宮五行推」。指每個卦所附「父母、官鬼、兄弟、子孫、妻財」等六親，都是根據這個卦原來所屬之宮的五行，以「生我者為父母、我生者為子孫、剋我者為官鬼、我剋者為妻財、比和者為兄弟」的比對方式，而推演出來的。

按《京氏易傳》，將六十四卦，分屬《乾》、《震》、《坎》、《艮》、《坤》、《巽》、《離》、《兌》八宮，一宮統八卦。如《乾為天》、《天風姤》、《天山遯》、《天地否》、《風地觀》、《山地剝》、《火地晉》、《火天大有》，以上八個卦，都屬「乾宮」。其他七宮均倣此。

八宮所屬五行，《乾》、《兌》宮屬金，《震》、《巽》宮屬木，《坎》宮屬水，《離》宮屬火，《坤》、《艮》宮屬土。

類事爻：指以六親類比事物的爻，也稱為「用神」，「用爻」，「用事爻」。

附《京氏易傳•乾》卦配納甲、五行、六親、世應例表，供讀者對照參考。

《京氏易傳・乾》卦配納甲、五行、六親、世應例					
乾為天卦形	《京氏易傳•乾》原文	納甲五行	《乾》卦配六親	六親	世應
▅▅▅	宗廟上建	壬戌土	戌亥《乾》之位	父母	世
▅▅▅	金入金鄉木漸微	壬申金	是《乾》之兄弟	兄弟	
▅▅▅	火來四上嫌相敵	壬午火	是《乾》之官鬼	官鬼	
▅▅▅	土臨內象為父母	甲辰土	是《乾》之父母	父母	應
▅▅▅	木入金鄉居寶貝	甲寅木	是《乾》之妻財	妻財	
▅▅▅	水配位為福德	甲子水	是《乾》之子孫	子孫	

校勘記：

㈠㈢「原」，原本作「元」，按現代用字方式改作。後文遇此字，均依此例改作，不另作校勘說明。

㈡「鄉」，原文作「嚮」，疑誤，據《火珠林•財官輔助》原文改作。

旺相

生扶旺相合成吉，空併沖刑剋墓凶，但隨日月循環用，八卦分明掌握中。

何曰：旺相為有氣，休囚為無氣。

春：木旺，火相，水金土休囚死。

夏：火旺，土相，木水休囚，金死㈠。六月金亦旺。

秋：金旺，水相，土火木休囚死。

冬：水旺，木相，金土火休囚死。

陽日陽爻，用同為扶。陰日陽爻，用為併。無氣，旺相亦為扶。

虎易按：「陽日陽爻，用同為扶」，《斷易天機・占求財・天玄賦》曰：「扶者，為日辰扶。又曰：父母扶兄弟，兄弟扶子孫，子孫扶妻財，妻財扶官鬼，官鬼扶父母，此五行之通例」。此論扶之意，應該是生的意思。《卜筮全書・黃金策・總斷千金賦》：「扶者，謂卯爻見寅日，酉爻見申日，子見亥，午見巳，丑未見辰戌之類，是也。拱者：如寅爻見卯日，申爻見酉日，亥見子，巳見午之類，是也」。《增删卜易・日辰章》曰：「扶之、拱之者，爻與日月同類也」。諸書論「扶」，定義不一，我認為，當以《卜筮全書•黃金策•總斷千金賦》論述定義為宜。《卜筮全書•黃金策•總斷千金賦》曰：「且如子日卜卦，卦中有一子字，則謂之並」。「陰日陽爻，用為並」，

木爻：亥日為長生。
金爻：巳日為長生。
火爻：寅日為長生。
水爻：申日為長生。

虎易按：春季寅卯木旺，夏季巳午火旺，秋季申酉金旺，冬季亥子水旺。

旺相休囚死，是五行處於不同月日的運氣狀態，與日月之令對應的規則是：「當令者旺，令生者相，生令者休，剋令者囚，令剋者死」。附圖表如下：

四季旺相休囚死					
季節	旺	相	休	囚	死
春（寅卯）	木	火	水	金	土
夏（巳午）	火	土	木	水	金
秋（申酉）	金	水	土	火	木
冬（亥子）	水	木	金	土	火
辰戌丑未	土	金	火	木	水

金長生在巳，木長生在亥，火長生到寅，水土長生居申，順輪十二位。

五行所臨十二種狀態的順序：長生、沐浴、冠帶、臨官、帝旺、衰、病、死、墓、絕、胎、養。附圖表如下：

十二宮生旺墓絕表

五行 狀態	金	木	火	水	土
長生	巳	亥	寅	申	申
沐浴	午	子	卯	酉	酉
冠帶	未	丑	辰	戌	戌
臨官	申	寅	巳	亥	亥
帝旺	酉	卯	午	子	子
衰	戌	辰	未	丑	丑
病	亥	巳	申	寅	寅
死	子	午	酉	卯	卯
墓	丑	未	戌	辰	辰
絕	寅	申	亥	巳	巳
胎	卯	酉	子	午	午
養	辰	戌	丑	未	未

以金為例，（巳）長生，（午）沐浴、（未）冠帶、（申）臨官、（酉）帝旺、（戌）衰、（亥）病、（子）死、（丑）墓、（寅）絕、（卯）胎、（辰）養，順數一宮一位。其他五行倣此。

動靜去來有真假，吉凶彼我有疏親，旺相生扶為發用，死囚沖併是虛因。

王曰：春無土，夏無金水，秋無木，冬無火。

虎易按：「春無土，夏無金水，秋無木，冬無火」，這是在論述「真空」，但其論述含糊，並沒有說明白。按四季旺相休囚死論，春木旺，土死。夏火旺，金死。夏未月土旺，水死。秋金旺，木死。冬水旺，火死。《增删卜易•旬空章》曰：「真空為空。真空者，春土夏金秋是木，三冬逢火是真空」。讀者可以對照參考。我認為，此注釋編排在「旺相」章節，不是很合理，應該編排在「空亡」章節內為宜。

要日生出方吉，凡受剋亦不能生。

如午日《豫》卦，占財？

《海底眼》教例：001		
時間：午日		
占事：占財？		
	震宮：雷地豫（六合）	
伏神	**本　卦**	
	妻財庚戌土	▅▅　▅▅
	官鬼庚申金	▅▅　▅▅
	子孫庚午火	▅▅▅▅▅ 應
妻財庚辰土	兄弟乙卯木	▅▅　▅▅
	子孫乙巳火	▅▅　▅▅
	妻財乙未土	▅▅　▅▅ 世

辰在卯下之類。若旺相脫氣，生合即吉。

虎易按：「凡受剋亦不能生」，例如此例，財爻「辰在卯下」，伏爻辰土被飛爻卯木剋制，日令午火也不能生伏爻。

旺相用爻沖必發，休囚沖散脫疏空，或見飛神如剋動，有氣無生亦不中。

何曰：用爻旺相，日辰沖者，其爻發出應速。用爻休囚，日辰沖者，其爻已散了也。若用爻動旺相，被飛爻剋，如無日辰生出扶出，亦不中。

虎易按：「用爻旺相，日辰沖者，其爻發出應速」，用爻旺相，日沖為暗動。「用爻休囚，日辰沖者，其爻已散了也」，用爻休囚，日沖則為破。「若用爻動旺相，被飛爻剋，如無日辰生出扶出，亦不中」，作者是採用「凡類事爻，只取本宮為實」的方法，以本宮六親為用神。後世在占法上，已作改進，凡本卦有用神，則不取本宮伏神。《易林補遺》曰：「若卦內有用神，不居空陷，不必更取伏神。如六爻不見主象者，卻取伏神推之」。供讀者參考。

校勘記：

㈠「金死」，原本脫漏，據其行文體例補入。

空亡

四時胎絕臨今日，便是空亡莫亂更，只求旺相爻生剋，自然凶吉事分明。

王曰：若占財，縱生亦輕微，財可得。用爻受剋，縱遇日生亦無。

且如以木為財，在火爻下，故木生火為脫氣。卻要水生木爻。

虎易按：「且如以木為財，在火爻下，故木生火為脫氣」，例如《天山遯》卦，本宮財爻寅木，伏於官鬼午火下，伏生飛爻，伏爻稱為「脫氣」。讀者可參閱「飛伏」章節，「卦見伏生飛是脫」，理解此段內容。

四時旺相不為空，日辰生助亦相同，旬內二爻休定論，內有空亡事卻中。

何曰：春不空於寅卯巳午之類。或日辰長生，或扶出，或生出，雖在六甲空亡之內，切不可論，只取有救。

虎易附例：001

乾宮：天山遁

伏神	本	卦	
	父母壬戌土	———	
	兄弟壬申金	———	應
	官鬼壬午火	———	
	兄弟丙申金	———	
妻財甲寅木	官鬼丙午火	— —	世
	父母丙辰土	— —	

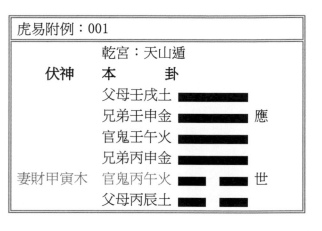

虎易按：「春不空於寅卯巳午之類」，《增刪卜易•旬空章》曰：「旺不為空，動不為空。有日建動爻生扶者，亦不為空」。此論比較合理，供讀者參考。

旺相空亡過一旬，囚死空亡必不成，應上空亡宜改托，世落空亡事未萌。

何曰：凡占其事，若遇空亡而旺相，無刑剋，須過一旬方可成就。

虎易按：「旺相空亡過一旬」，旺相旬空之爻，出旬即為填實。

用爻最怕立時空，吉不能成凶不凶，春土夏金秋是木，冬天巳午莫相逢。

何曰：用爻怕時空，乃春土夏金秋木冬火是也。凡占事吉不能吉，凶不能凶。

虎易按：「用爻怕時空，乃春土夏金秋木冬火是也」，《增刪卜易•旬空章》曰：「真空為空。真空者，春土夏金秋是木，三冬逢火是真空」。此論比較合理，供讀者參考。

刑剋

若見用爻生得地，無剋無刑方有氣，不入時空與併沖，日辰扶助皆如意。

王曰：若傍爻立用不可動，動則紛爭，而難用爻，日辰生用合用，利再用吉。

何曰：動爻剋得靜爻，靜爻剋不得動爻，動爻急。日辰剋得卦爻，卦爻剋不得日辰，日辰急。旺相剋得休囚爻，休囚剋不得旺相爻，旺相急。世爻旺相能借用，休囚不能借飛神。飛爻動旺相剋世凶。

凡用爻遭飛神所剋，不動者須要日辰旺，生出沖去飛。無氣之日不能生，有動者在剋下，日旺生出亦可取。

且如占妻病，申日得《比》之《坤》：

《海底眼》教例：002					
時間：申日					
占事：					
坤宮：水地比（歸魂）				坤宮：坤為地（六沖）	
本　　卦				**變　　卦**	
妻財戊子水	▅▅　▅▅	應		子孫癸酉金　▅▅　▅▅	世
兄弟戊戌土	▅▅▅▅▅		○→	妻財癸亥水　▅▅　▅▅	
子孫戊申金	▅▅　▅▅			兄弟癸丑土　▅▅　▅▅	
官鬼乙卯木	▅▅　▅▅	世		官鬼乙卯木　▅▅　▅▅	應
父母乙巳火	▅▅　▅▅			父母乙巳火　▅▅　▅▅	
兄弟乙未土	▅▅　▅▅			兄弟乙未土　▅▅　▅▅	

五爻動，癸亥伏在戊戌下，動本不好，卻得日辰長生救出，死中得生也。

五行立用看當時，扶事生身所作宜，世應相生人漸順，若逢刑剋事皆遲。

王曰：凡旺爻乃得時，日辰不能刑剋，作事百吉，若休囚死，日辰能剋。滯如伏在生下，遇生合方吉，主①遲。

寅刑巳上巳刑申，子卯逢之無禮星，墓刑不動生淹滯，亥辰午酉自相刑。

墓者，滯也，刑者，損也。凡用爻出現，方可取刑，伏下不可取。

虎易按：「寅刑巳上巳刑申」之類，即後世所稱「三刑」，本注釋刑例不太完整。《五行大義•第十一論刑》曰：「子刑在卯，卯刑在子。丑刑在戌，戌刑在未，未刑在丑。寅刑在巳，巳刑在申，申刑在寅。辰午酉亥各自刑」。《御定星曆考原•月刑》：「選擇家書曰：寅刑巳、巳刑申、申刑寅。為無恩之刑。未刑丑、丑刑戌、戌刑未，為恃勢之刑。子刑卯、卯刑子，為無禮之刑。辰午酉亥為自刑」。以上論刑體例，供讀者參考。

注釋

①主：預示。如「主吉」，即預示吉。「主凶」，即預示凶。「遲」，即預示遲。其他均倣此。

六合

辰日合酉午合未，亥日寅爻六合神，旺相長生皆可順，財厚婚姻便結親。

何曰：易云：日月合生從吉說，支神刑剋作凶陳。

虎易按：「六合」，即子與丑合，寅與亥合，卯與戌合，辰與酉合，巳與申合，午與未合。

飛伏

伏剋飛神為出暴，飛生伏下得長生，卦見伏生飛是脫，用遭飛剋事難行。

何曰：飛生伏，用爻旺相為得生，日辰生合出。伏用剋飛爻為出暴，要日扶生，三六合出。

飛剋伏為剋殺，日辰旺生有救，或引出取。伏生飛爻為脫散，要旺相，日辰生扶出。飛伏比和，旺則有救，休囚為刑無氣。

用爻出現，行人歸，逃亡迴，生產當養，求事見頭緒，占財有。

忌日辰刑沖剋，事爻元無更無氣，行人逃者不歸，生產不收，求事無頭緒，占財不實。

虎易按：「伏剋飛神為出暴」，我的理解，是指伏神剋飛神，伏神如同對飛神使用暴力，有強行出現之意。「飛生伏下得長生」，是指飛神生伏神，伏神得到飛神的扶助。「卦見伏生飛是脫」，是指伏神生飛神，則伏神耗泄自身的力量，即脫氣。「用遭飛剋事難行」，是指飛神剋伏神，伏神則受傷，無能力用事。

從這個歌訣看，其論述方式，是採用宋元時期以本宮伏神為用神而論的，提請讀者注意，不要混淆了。

傍求敲象察飛神，剋應隨宮配六親，將本謁人須用靜，脫貨占來動是真。

何曰：六爻飛上取傍通剋應，用爻須是本卦六親。如謁人，要用爻不動有氣。日辰透出，或動不在家。若用在墓動，或應動，人欲出，可速見。

宜用爻不動：

將本營運，放債抽拈，買物停塌，賭鬥撼錢。

圖謀赴試，見任官員，上書按謁，守舊常占。

娶妻買婢，屋宅墳田，住庵謁人，失物埋冤。

用爻宜靜，有氣為先。

宜用爻動吉：

取索措借，討書請客，生產求歸，脫貨贖解。

官員待次，散事散災。改易敘職，告劄①干求。行人遠信，出外遷居。脫詐失約，動者無虛。

注釋

①劄（zhá）：古同「劄」。古代用來寫字的小木片。

日辰

占卦先須究日辰，日辰衝戰不堪親，若見合生當喜悅，更須輕重卦中因。

王曰：日為君主，故云：「日時最急，歲月猶賒①」。日者，日辰。時者，時令。歲者，太歲。月者，卦中月卦也。

虎易按：「月者，卦中月卦也」，月卦之說，源於《京氏易傳・頤》卦，陸績注：「金星西方，入八月卦上沖」。「陰世則從五月起，陽世還從子月生」，是確定月卦的基本體例規則。讀者可參閱《卜筮元龜・上月分捷法》和《卜筮全書・起月卦身訣》注釋。

注釋

①賒（shē）：長，遠。

世應

應動托人心易變，身動生憂事不寧，若是用爻居有氣，旺相扶持可速成。

何曰：身動有憂事，旺見磨折，費力而成，故身為我之門戶也。雖宜動，占出行，若世下鬼發，財發，亦不吉也。應動事變，不可托人，用爻有氣，須是改求，或自去理會吉。

世應相剋

宅墓高低產子難，病多進退往行艱，婚姻有疑逃者近，詞訟留連主繫關。

王曰：用與世爻相剋者是。

何曰：凡世應相剋，縱然好事，也須費力。

世應當中隔爻

世應當中兩間爻，發動所求多阻隔，假饒有氣事分明，必見忉忉方始得。

王曰：凡世應兩爻為中人，不可動，動則有隔。

何曰：兄弟動，主脫詐、口舌；官鬼動，主人事鬼隔。

占婚為媒，占生產為老娘，占事為阻節，種田為農夫，占家宅為鄰里。

八純重動

八純重動爻叢雜，於中考論加臨法，木財金鬼土為兄，水子火印消詳納。

王曰：若重動輕更，看伏爻。乾伏坤，坎伏離，震伏巽，艮伏兌例。

獨發

本卦一爻如發動，一爻之變可相扶，更將日上分生剋，始知神應出虛無。

王曰：凡一爻動，重主過去，交主未來。若變爻旺相可用，休囚只看本卦六親。

何曰：一爻動可變，傍宮一爻動不可變，只看六親。占陰晴可借取。

亂動

亂動休將變上尋，只求親上取其真，審擇用爻何位發，旺相生扶始有因。

王曰：傍宮一爻動，交使本卦，重用六親，分旺相論輕重言之。

何曰：六爻亂動事緒難明，兩爻三爻至六爻動，切不可看變，只取旺相有情者急，更宜仔細言之。

生氣　死氣　日沖　月破

生氣動者謀往吉，死氣發時病訟凶，日沖飛上伏爻出，月破爻神所事空。

何曰：

生氣者謂：如占文書，旺相出現，或官爻有氣發動，能生父母。

死氣者謂：如占病，官司，動爻旺相剋其世身也，謂之死氣。

日沖者謂：如占財，財爻伏在無氣爻下，卻得日辰沖去飛爻，其財有也。

月破者謂：憂者散，病者死，事不成，財氣無。蓋用爻被月建之沖也，有生氣而可再理會。月破為白虎神，為解神，為耗散神，為破敗神。若爻出現，日辰不剋沖，如生世者，亦可有望。

五鄉有無

五行無者先憂說，無鬼憂官事落空，結婚買婢成諸事，卦中無子鬧重重。
何曰：易云：六位既能成，無者先憂說。求喜合之事，而六爻原無子孫，謂之無喜也。

八宮不一、單折分之

男女

男女包含少正形，須審前爻後卦情，陰變陽宮為男子，陽變陰宮是女人。
欲辨家親與外鄰，鬼臨世應現為親，陰宮若見陽官鬼，不是鄉鄰取外人。
奴婢外人財作用，弟兄同事察同爻，貴官夫主詳官鬼，父母尊親印授敲。
何曰：陰宮變陽宮為男，陽宮變陰宮為女。動爻亦可取之。

十類神

水爻

冬旺生木

亥子江河雨露池，虞衡鹽酒井溝渠，奸邪不正並湯散，聰謀智慢事成遲。

乃北方悔朔①三更之象，為五十中之一也。

太虛周易，雨露江河，壬癸玄武，井穴溝渠，醜陋魚鱉，什物冬衣，虞衡鹽酒，恐懼哀悲，粟豆松柳，北道行堤，黑醎水女，湯散扶持，奸邪不正，瀉②冷精遺，恒聽分龠③，耳腎腰衰，聰謀智慢，事事成遲。

注釋

①晦朔（huìshuò）：晦：陰曆每月末的一天。朔：陰曆月初的一天。

②瀉（xiè）：排泄。

③龠（yuè）：古代樂器，形狀像笛。《說文》曰：「龠，樂之竹管，三孔，以和眾聲也」。

火爻

夏旺生土

巳午星飛閃電神，祖宗先聖竈焚營，口言明哲官詞牒，膏末瘡痍眼目心。

乃南方聖明日中之象，明亮作離。

公孝神聖，閃電星烈，丙丁朱雀，溫燠暑熱。

焚營爐竈，有禮明哲，宗廟先祖，宮觀詞牒。

文章二禮，羽翼口說，膏末灸烙，眼目心血。

尖細微小，勞死冤結，緊急性躁，情美歡悅。

木爻

春旺生火

寅卯風雷山草木，仁慈寬厚舟橋屋，皮毛手足廟家神，肝膽腥酸主驚哭。

乃東方日出，上弦①之象，始分三才，天地人現。

內翰禁庭，風雷恭肅，甲乙青龍，山川草木。

仁慈寬厚，毛詩語錄，東方八數，舟車橋屋。

相貌長大，四肢手足，肝膽腥酸，小兒驚哭。

家神廟宇，麟角象屬，泰岳棺樞，妖怪林麓。

注釋

①上弦：農曆每月初七或初八，太陽跟地球的聯線和地球跟月亮的聯線成直角時，此時在地球上看到的月相呈月牙形，即「D」字形，其弧在右側，這種月相稱為「上弦」。

金爻

秋旺生水

申酉金刀省部軍，重權差職義兵刑，僧尼道行邪魔願，頭眉氣嗽髮丹針。乃西方日入，下弦①之象，而為四象。

三光明照，方正康寧，庚辛白虎，斗夾金刀，尚書左傳，省部軍營。

重權差職，剛義兵刑，華峰害刃，李麥行程，僧道口願，辣白丹針。

肺氣漱喘，骸骨肢筋，眉舌頭腦，毛髮傷身，邪魅②横死，羶臭③凶嗔。

注釋

①下弦：農曆每月二十二日或二十三日，太陽跟地球的聯線和地球跟月亮的聯線成直角時，月球在太陽之西90°。時的位相，此時在地球上看到月球東邊的半圓，即月亮呈反「D」字形，這種月相稱「下弦」。

②邪魅（xié mèi）：作祟害人的鬼怪。

③膻（shān）臭：羊臊氣一樣的臭氣。

土爻

夏旺生金

土地城隍北禁庭，塚墳田野霧砂雲，師巫卜藥符元子，嘔逆皮膚腹肚鳴。

乃中央戊己之象，而為五行之主。

睿聖①老人，砂石雲霧，土地城隍，壽命君主。

守令監官，文章詩賦，嵩洛高崗，北庭州府。

嬴物山園，固守大路，思慮牢獄，田野墳墓。

貨卜師巫，店業鋪戶，甜匾黃褐，倉場庫務。

脾胃皮膚，腫脹腹肚，符藥元子，時疫嘔吐。

注釋

①睿（ruì）聖：明聖，明智。

父母類

父母尊長文書吏，印授衣服轎車船，契約本事勞心力，天地墳墓屋田園。
天地蓋載，日月星辰，父母伯叔，田土墳塋。
尊長貨殖，旌旗光明，舟車橋轎，軍壘州營。
園圃草木，網罟帶繩，兵戈屋宇，牛馬飛鳴。
衣服桌凳，期信額名，文榜曉示，交易行程。
文書契約，嘔逆勞心，見解學問，容止詞說。
文章印授，官職事業，圖籍號令，差劄敕牒。
故《易》云：「方以類聚，物以群分」。
獨發主憂疑，旺相可求文書。

子孫類

福德僧道尼師貴，緝捕醫藥閑漁僧，皮毛六畜象牙珠，犀角雹雪枕玳瑁。
子息鈍訥，生養魚蟲，喜慶雪晴，霽色長空。
景風瑞物，持載酒肉，毛甲頭髮，禽獸狗畜。
玳瑁珠犀，童稚閑福，師巫捕執，符藥醫卜。
道路稱意，人口飲伏，器皿光華，僧道林麓。
內行誠實，逍遙退祿，救神正直，空田井峪。
占病為醫藥，占失為捕人，占事為傷官，旺相可求財。

妻財類

妻妾使下及奴婢，飲食財同色信禮，氣象風雲雨祿來，貨物受用倉為美。

妻妾財寶，四肢骨脈，什物受用，

廚竈毀折，產業庫務，精神氣色，

飲食乳奶，菜蔬米麥。奴婢娼妓，

不孝妨剋，無學慵懶，泉源雨澤，

吏後勢力，瓦礫神宅，理度理直，

請給俸祿，肥大妍美，豬羊伏匿。

占買賣為財，占詞為理，占婚為妝奩，占人口為奴婢，占文書為鬼賊，破事人。為財爻，不伏鬼下，乘旺獨發，三分得一。

官鬼類

官鬼神邪病祟盜，失物輸嗔災夢憂，雷閃主人廳殿貴，溝渠獄穴制身愁。
官鬼事貴，君主職清，江河溝渠，固密不明。
公庭東道，災害傷身，鬼祟凶禍，市肆極刑。
嫌疑憎妒，屍骸魂靈，疾病瘡癤，怪夢憂驚。
怨謗狡詐，賊盜仇人，丈夫奉佛，敕額遷升。
破損不堪，偷輸竄競，霜冰雷電，怪異風嗔。
為官司失脫，憂慮災病事，獨發主病災、損失。

兄弟類

兄弟姊妹及同類，口舌貪淫氣妒生，好賭失信欲無禮，不正窮醜亂相侵。
兄弟昆仲，同居親情，門缺豎立，牆壁圜縈。
剋妻害婢，賭博㈠田塍①，搬㈡唆②口舌，爭鬥眾人。
同事同類，朋友近鄰，無禮失信，損氣傷神。
沐浴孔竅，肘腋撐擎，糞壤臭腐，瘦弱身貧。
舒融嫉妒，姊妹貪淫，傷財私用，霧露風雲。
為口舌幹用，非禮不正之事。
以上五類，分於六爻內。消息禍福匹配，相刑相剋，衝破空亡，偶合吉凶，可仔細推之。

虎易按：以上「十類神」，分為兩個大類。一是以五行分為「水、火、木、金、土」五類，二是以六親「父母、子孫、妻財、官鬼、兄弟」分為五類。合為十類。「十類神」分別論述的，是他們各自對應的人事、物象屬性。熟悉這些內容，在具體的預測過程中，就能熟練的抽象與求測人相關的資訊，用以指導求測人趨吉避凶。

注釋

①田塍（chéng）：田埂。

②搬唆：搬弄是非，調唆慫恿。

校勘記：

㈠「賭博」，原本作「賭樸」，疑誤，據《新鍥斷易天機·兄弟類》原文改作。

㈡「搬」，原本作「般」，疑誤，據《新鍥斷易天機·兄弟類》原文改作。

六親爻用

得用者，乃四時之用爻乘旺是也。

林先生云：不但只以乘旺為用爻，爻㊀動亦是。

校勘記：

㊀「爻」，原本作「交」，疑誤，據其文意改作。

父母用

父母當頭剋子孫，病人無藥主沉昏，親姻子息應難得，買賣勞心利不存。觀望行人書信動，論官下狀理先分，士人科舉彰金榜①，失物逃亡要訴論。

虎易按：「六親爻用」，按父母、子孫，妻財，兄弟，官鬼，分別論述不同的六親發動後，對所求測的事物產生的影響。以本段「父母當頭剋子孫，病人無藥主沉昏，親姻子息應難得，買賣勞心利不存，觀望行人書信動，論官下狀理先分，士人科舉彰金榜，失物逃亡要訴論」為例，談點看法，供讀者參考。

父母爻是子孫爻的忌神，發動就可以剋制子孫爻。

預測疾病，以子孫爻為醫生，為藥物。子孫爻被剋，表示疾病無人可治，也可表示醫生的水準比較差，也可以表示醫藥不對病症。所以，病人因無藥可治，就會處於昏沉的狀態了。

測生育子孫，子孫爻是表示子孫後輩的，受發動的父母爻剋制，就很難得到子孫了。

測買賣，父母爻是辛苦，勞心之神，也是財爻的泄神。父母爻發動，就辛苦勞累，利潤也不會大。

測行人，父母爻表示書信，消息。父母爻發動，表示可以得到行人的資訊。

測官訟，父母爻表示狀詞、證據、道理，發動對世爻有利，則表示理在求測者一方；如果對應爻有利，就說明理在對方了。

測求學，（古時稱為科舉。）父母爻表示成績。發動旺相，表示成績好，所以利於錄取，能登金榜。

測失物，父母爻表示物品。看失物的狀態，可以判斷可否找回。

測逃亡，父母爻發動，表示要申述到官方，由官方派人去抓捕了。

以上只是總體上的一般論述，是在只考慮該父母爻發動，並且該父母爻處於旺相狀態，而不考慮其他因素影響的情況下，可能出現的情況。

提請讀者注意：具體預測，還是要看具體的卦、爻的變化，以及日、月、動爻等等其他條件，綜合分析，才可以分析判斷具體的吉凶。

其他六親為用，對所測事物的影響倣此，就不一一解說了，請讀者仔細玩味，理解其原理為宜。

注釋

①金榜：科舉時代殿試揭曉的榜。

子孫用

子孫發用傷官鬼，占病求醫身便痊，行人買賣身康泰，婚姻喜美是姻緣。
產婦當生子易養，詞訟空論事不全，謁貴無官休進用，守舊常占可自然。

妻財用

妻財立用剋文書，應舉求官總是虛，買賣交關①財利合，親成如意樂無虞②。
行人在外身欲動，產婦求神易免除，失物靜安家未出，病者傷脾腹胃虛。

注釋

①交關：猶交易。
②無虞（yú）：沒有憂患，太平無事。

兄弟用

兄弟同人先剋財，患人占者氣衰災，應舉雷同文不一，若是常占尚破財。
有害虛詞應帶眾，出路行人身未來，貨物經商消折本①，買婢求妻事不諧。

官鬼用

官鬼從來剋兄弟，婚姻未就生疑滯，病困門庭禍祟纏，更改動身皆不利。
出外逃亡定見災，詞訟傷身有囚繫，買賣財輕賭鬥輸，失物難尋多暗昧。

注釋

①折本：賠本，虧本。

六親爻變

父母變

父化父兮文不實，舉事艱難事非一，父化子兮宜退散。縱然憂病還為吉。
父化同人多口舌，用求宛轉須重疊，父化財兮交易利，家長不甯求事拙。
父化官兮家損失，求官必得遷高職，卦無父母事無頭，更在休囚空費力。
卦無父母，占事未舉，方欲求圖。若伏在兄弟，名脫氣，須得日辰旺，生扶之吉。

子孫變

子化子兮陰小凶，舉訟興官理不同，子化官兮防禍患，占病憂疑總不中。
子化父兮憂產婦，無中生有多頭緒，子化兄兮事不全，脫詐人情疑莫去。
子化為官，妻占夫主，僧道還俗，占訟先慢後緊。

妻財變

子化財兮好望財，財化財兮婦主災，財化官兮防走失，財化文書用可諧。
財化兄兮財少成，相知脫賺①勿交親，財化子兮宜守舊，托用人情不一心。

兄弟變

兄化兄兮家不足，兄化財兮財反復，兄化官兮休下狀，占病難醫須見哭。
兄化文書和改求，人情後喜主先憂，兄化子兮憂可散，望者行人信有接。
占訟必輸，占病無醫，占身進退，官事退散。

注釋

①脫賺：猶欺騙。

官鬼變

官化官兮病未安，見貴求官事總難，官化文書官未順，交加爭競鬼相干。
官化子兮憂自除，常占小口必災諸，官化兄兮朋友詐，委託人心不似初。
官化財兮財自得，賭撲爭籌卻主輸，卦中無鬼休謀事，官員難見事空虛。

增注周易百章海底眼前集卷終

新刊增注周易六親百章海底眼後集目録

周易百章海底眼後集目錄終

注釋

①病證：同「病症」。

②鈐（qián）：通「權」。權謀，謀略。

新刊增注周易六親百章海底眼後集

占潛虛

坐方立物皆成卦，看其爻發在何時，潛虛本逐心生起，自然神悟泄天機。

凡坐方立物，飛禽走獸，雲雨風雷，金石絲竹，而皆成卦。且如鴉從西來，便為《坤》卦。看何時辰，如子午用初爻，丑未二爻，寅申三爻，卯酉四爻，辰戌五爻，巳亥六爻。以別內外，自然知吉凶之理。一字一物，皆可成卦，字數畫物，取五行消息。

占來情

卦中多者取來情，或向空亡無處尋，又看世爻沖剋處，於中一事破來心。

五鄉沖剋取來情爻

沖剋父母

沖印契劄及尊長，屋宅墳野與田園，又取文章並應舉，產業車轎共舟船。

沖剋兄弟

沖兄爭鬥與貪婇①，不若剋財口舌臨，切恐妻災防破散，相知嫉妒是同人。

沖剋子孫

沖福瑞物及醫藥，七寶貴人寺觀塔，僧尼佛像所欲生，六畜皮毛與角筋。

沖剋妻財

沖剋非妻是占財，鋪店絲棉買物來，或有陰人成合事，金銀銅鐵器和釵。

沖剋官鬼

沖剋非鬼即求官，更有訟事祟相連，又或走失兼賊盜，莫把爻中一例言。

此法雖論卦中多者取，看有氣無氣言之，看卦中雖有多者，若臨無氣之月，即不用也。

虎易按：「五鄉沖剋取來情爻」，按沖剋六親的情況，分別論述占來情的方法，讀者可作為參考。

注釋

①貪婇（cǎi）：貪女色。婇：宮女。

又云定方

走閃先觀世應神，應爻發動便難尋，世臨四五無蹤跡，初二三爻在目今。
若占居止，以用爻墓處為方。
八純身伏求方所，應現墓方尋的真，無墓取空。獨發之爻亦可取，自知賊者曲和伸。應動觀變。
世與內動在近，應與外動在遠。用神出現，以旺為方；用神伏藏，以生為方。丑東北，辰東南，未西南，戌西北。

八卦定方

乾圓天父玉樓君，坤方地母釜台臣，震長雷霆園林木，巽直風高花草繩。
坎實雨露舟車獄，離虛日火灶牢禽，艮重門山雲霧露，兌霞缺澤妓軍營。

六親定方

父母橋園城野郭，池湖塚墓及軍營，子孫寺觀樓廚閣，酒肆閑觀鬧市人。財主庫倉茶妓妾，兄弟房廊瓦賭坊，官鬼山林祠廟宇，廳場金鐵路棋房。

論賊爻

官鬼當頭是賊爻，交動傷身禍必遭，更得子孫來解救，不臨旺相也難逃。

應與用同

應是兄弟，本貫相識人家。
應是官鬼，有人勾引出去㊀，或官司去處。
應是父母，投親戚家，或入手藝㊁人家。

應是妻財，奴婢妓弟人家。
應是子孫，在寺觀廟宇處。

校勘記：

㊀「有人勾引出去」，原本作「有勾引人出去」，疑誤，據《新鍥斷易天機・占賊盜・海底眼云》原文改作。
㊁「藝」，原本作「業」，疑誤，據《新鍥斷易天機・占賊盜・海底眼云》原文改。

占應舉

應舉求官問後先，官旺文書有氣前，火作文章如直事，月建扶官作狀元。

以文書爻為主，要文書持世，無刑剋，太歲生㊀身，亦作狀元。

父母文書是棟樑，推明旺相細鋪張，官鬼試官題目事，子孫如錦不榮昌。

兄弟雷同難上榜，妻財美論豈高強，父化父兮多雜犯，父化官兮意不長。

凡占試，以鬼爻為主，看伏在何爻下，要日辰生扶合出。

且如春，未日，占《剝》卦：

《海底眼》教例：003			
時間：春月　未日			
占事：應舉			
	乾宮：山地剝		
伏　神	本　　卦		
	妻財丙寅木	▅▅▅▅	
	子孫丙子水	▅▅　▅▅	世
官鬼壬午火	父母丙戌土	▅▅　▅▅	
	妻財乙卯木	▅▅　▅▅	
	官鬼乙巳火	▅▅　▅▅	應
	父母乙未土	▅▅　▅▅	

官在文書下有氣，日辰合出，主試中。

虎易按：「官在文書下有氣」，指《剝》卦四爻父母戌土下，伏《乾》宮官鬼午火，得月令生為有氣。「日辰合出」，指未日合伏藏的官鬼午火。

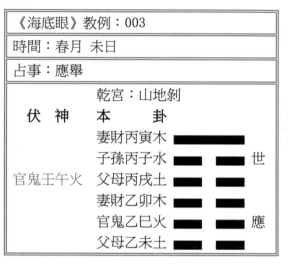

赴詔面君於堂：宜鬼旺出現，忌墓藏，動發不順口口。
待次遷除①：宜鬼旺出現，或動發。赴上忌動發。墓藏安靜未除。
求職請判：宜官鬼父母出現，忌動發。
在任：宜鬼靜，鬼發有動，子出有替。

虎易按：本節第一句「禁繫憂官兩未萌，應為對主世為身，鬼旺墓鄉須下獄，官臨歲動達朝廷」，似為「占官訟」內容，疑為竄入此節。據《新鍥斷易天機•占詞訟》編排例，移入「占官訟」章內。

注釋

①待次遷除：指官吏依次按照資歷補缺，升遷與除授。

校勘記：

㊀「生」，原本作「占」，疑誤，據《新鍥斷易天機•占舉選•海底眼云》原文改作。

占文書

見貴求謀問立身，文書不動應時成，財動文書空費力，子動傷官事不亨。事見兩爻須再用，官多宛轉恐艱生，最要日辰生合助，知音處處得前程。若六爻中只一爻動，最急兄弟動，事不實難成。若文書與貴人卦中原無，不入卦，其事亦難成。出現有氣，可速圖。怕落空。

易云：「動爻急如火，次急落空亡」。官與文書要旺相，亦要持世可成。應爻不剋，事體分明。乾兌坎宮，謀事不一。見官用動，其人多出，縱見亦生嗔。

占求財物

占財旺相喜持世，出現生扶可乘勢，脫貨求財要用興，開店交關安者利。月破空亡未可憑，飛爻剋制徒留意，若求爭鬥撼錢財，但看財生命者是。以妻財爻為主，世空不妨，《旅》《需》《鼎》《困》《豫》《家人》，初見難，終可遂意。

凡脫貨，宜動。

若開張放債，營運抽拈，停塌賭門，撼錢索欠取覔，皆宜靜。

要財爻旺相，日神生扶，福德直旺相，動亦可有財。

凡財爻出現旺相者，日剋之便有。

日神旺相，財卻不要剋也。若財在伏下，日神沖散飛爻，其財必有。

且如寅日，卜得《風雷益》，討錢？

《海底眼》教例：004		
時間：寅日		
占事：討錢？		
巽宮：風雷益		
本　　卦		
兄弟辛卯木	▅▅▅	應
子孫辛巳火	▅▅▅	
妻財辛未土	▅　▅	
妻財庚辰土	▅　▅	世
兄弟庚寅木	▅　▅	
父母庚子水	▅▅▅	

其日便有。蓋日辰財墓中也，辛未財出。

虎易按：「凡財爻出現旺相者，日剋之便有」，此論似乎不當，所附卦例，大約也是附和此論，請讀者注意分辨，在實踐中去檢驗。

占博戲

博戲求財財是本，子孫出現世臨之，更乘旺相無刑剋，管取歌歡稱意歸。世應見鬼應爻剋，縱有財神也是輸，福德休囚遭陷伏，往求空去下工夫。間爻動，衝撞多。兄弟動，多阻隔。官財動，必輸。

占送物

送物與人宜世動，財爻不發去留之，世應並興歡喜受，續得他家物惠歸。

占養蠶

子為蠶命宜安靜，財為收斂要扶持，鬼爻父動重還賽，兄弟爻興一半虧。子孫木火蠶作繭，申酉扶之盡自殭，亥子二爻眠濕死，如臨四土半遭傷。巳午爻為蠶命，但子孫旺相有氣，靜者大收。要木火之爻出現，乘土些少。

占耕種

農人卜問今年歲，財旺福興收十倍，鬼現神祇願未還，父動有害無生氣。
水動多霖火旱枯，木動今春桑葉貴，土動傷蟲更有災，金動切防官訟至。

占失物

失物未知何物色，先向財爻伏下尋，財爻不動宜尋覓，鬼現家親是外人。
妻財在內不出屋，子旺還須禱告親，應動物藏方變轉，亂髮遺亡失不明。
以應爻為主，以㈠財為物，以㈡鬼為賊。出現最急，傍爻為次。凡財出現，在五爻之上，不動可見。若伏在下，其物隱藏，須要日辰生扶出可見。

又云：

損失動爻隨件數，物色還將類上陳，出現妻財多不失，官臨本象主家親。
鬼休財靜終須見，坤艮之宮莫去尋，應動偷藏賊已去，六爻亂髮不分明。
非鬼為賊，獨發之爻亦可取。若以鬼爻㈢為賊，更以日干為主分辨老少。凡失六畜，只以子孫為用，父母動便休也。

校勘記：

㈡「以」，原本脱漏，據《新鍥斷易天機·占遺失·海底眼云》原文補入。

㈢「爻」，原本脱漏，據《新鍥斷易天機·占遺失·海底眼云》原文補入。

占逃亡

走閃先求得用神，福藏寺觀父投親，兄弟動連必有伴，伏坐財鄉隱婦人。動官官舍近軍伍，動水河邊近水亭，木動上船金動瓦，火為鬧市甚分明。土城大路山崗嶺，用上親方自得真，事爻出現人非遠，用墓刑空可急尋。鬼爻發動人難捉，遊魂應變走他方，歸魂不久還鄉井，世動興身在路傍。若本宮化本宮，其人不遠。

占官訟

禁繫憂官兩未萌，應為對主世為身，鬼旺墓鄉須下獄，官臨歲動達朝廷㈠。鬼爻出現催公判，卦若傷財理不明，應爻坐鬼他遭責，身下藏官我不赢。

卦值兩官因舊事，兄爻發動起同人，財多損子災難脫，輕者徒流重者刑。
脫事散官尋福德，父興財發事關身，動爻剋世人來損，兄動虛憂假作真。
凡占官訟，以世爻為主，不問旺相休囚，但以世爻持福德，更看剋爻定之。
凡下狀論官，要官爻旺相，可宜先舉，若休囚，不可用。卦中官鬼持世，去必遭虧，更有罪名。父動剋世，因勾惹之事。世空自散宜和解，應空詞者沒期程。

校勘記：

㈠「禁繫憂官兩未萌，應為對主世為身，鬼旺墓鄉須下獄，官臨歲動達朝廷」，原本編排在《增注海底眼•占應舉》內，此內容應屬「占官訟」，疑為編輯有誤，據《新鍥斷易天機•占詞訟》，調整編排在此處。

占憂疑

世空世動其憂脫，子現官衰事不妨，鬼動八純持剋世，官興旺相禍難當。

占生產

生產未知臨幾許，月日長生子當乳，兄爻旺動母生難，子孫受剋兒災苦。飛去剋伏子不收，陽卦為男陰是女，兩爻旺相喜神扶，必是雙胎天賜與。若子爻出現，不出月者，但看世爻何支，數至母長生之日，即為乳也。

假令秋占《需》卦：

《海底眼》教例：005			
時間：秋			
占事：			
	坤宮：水天需（遊魂）		
伏神	**本　卦**		
	妻財戊子水	▅▅　▅▅	
妻財癸亥水	兄弟戊戌土	▅▅▅▅▅	
	子孫戊申金	▅▅　▅▅	世
	兄弟甲辰土	▅▅▅▅▅	
	官鬼甲寅木	▅▅▅▅▅	
	妻財甲子水	▅▅▅▅▅	應

戊申持世，癸亥水為母，長生在申，即言當日乳臥。未爻持世，來日生。亥子持世，經旬未免。但憑卦世，不用卜日。

世旺剋子，落草便死。若在伏藏可剋飛，上下爻便見降生之月。不及月者，主墮胎也。

取胎元法：假令《乾》宮，以子孫為水，長生在申，至午為胎。子孫出現，亦為胎月。

虎易按：「癸亥水為母」，是以本宮妻財為用神，指本卦五爻下伏藏的《坤》宮首卦五爻「癸亥水」，為胎兒之母。這種以本宮六親為用神，是宋元時期採用的取用神的方法，讀者注意分辨。

占婚姻

娶妻先向財中覓，嫁夫可類鬼爻推，旺相得時成合順，休囚刑害不相宜。

兄旺剋妻妻不就，子旺傷夫夫有疑，八純動者主離別，五世游魂損小兒。

占妻看財宜靜，占夫看鬼宜靜。

陽宮端正，陰宮醜陋，在飛上應頭面四肢，在飛下應拙不穩。卦無子，不喜歡。

男占得震巽宮，主再婚；女占得坎宮，主再嫁。

妻在間爻，女有親為主婚，夫在間爻，男有親為主婚。但得時旺相，而皆有成。出現，忌日沖。

世動男未肯，應動女生疑。用神如發動，成也見分離。父母爻遭傷，損長親。間動有隔，或是媒人作鬼。

占病患

問患先須得病因，安靜先尋世下神，次看鬼爻藏伏處，更將爻動察其真。
用是病人宜有氣，福德醫師喜貼身，子孫發動誤服藥，卦官旺相病逡巡①。
六位無財食不納，兄弟交重氣積頻，鬼多不一原曾病，用發休囚損病人。

虎易按：「子孫發動誤服藥」，《卜筮全書•黃金策•醫藥》，「福化忌爻，誤服殺身之惡劑」。其注釋曰：「世人皆疑《海底眼》誤服藥之句，殊不知此說極有理。蓋有動則有變。變出父母，回頭來剋。變出財爻，扶持官鬼。變出兄弟，藥不精潔。變出官殺，藥反助病。子變子，乃用藥太駁雜，不能見效。此所以不若安靜為妙，若變爻或傷世剋用者，必致因藥傷命之禍」。讀者可參考。

看鬼伏何爻下，以金木水火土分辨㊀論之。
父母，憂心得，或動土得，或往修造處得。
兄弟，因失饑傷飽，或因口舌氣得。
子孫，牽惹得，或欲事太過得病。

妻財，飲食得，或買物得。

官鬼，出現驚恐怪異，或寺觀廟宇中去得。

土下伏土，瘡腫。火下火，手足疾㊁。金見金，悶亂。木下木，寒熱。水下水，冷疾。金下火，喘滿。陽宮財動主吐，陰宮財動主瀉。

鬼爻現，外表。鬼爻伏裡，裡心腹病。鬼在內或動，下受病，用爻同。鬼在外動，上受病，用爻同。

又云：

問災先問卜何人，父母逢之父母陳，官㊂鬼臨身愁旺相，子孫剋世藥無靈。財為祿命忌飛剋，印綬②交重病困沉，大忌世官乘月建，又嫌墓發剋其身。鬼在內兮當夜重，官在外兮夜必輕，內外有鬼人昏困，不然舊病再來侵。代占最怕應疊鬼，官墓持身命亦傾。

注釋

①逡巡（qūnxún）：徘徊不前。此處指病情反復，沒有好轉。

②印綬（shòu）：印信和繫印信的絲帶。古人印信上繫有絲帶，佩帶在身。此處代指父母爻。

校勘記：

㊀「辨」，原本作「卞」，疑誤，據其文意改作。

㊁「疾」，原本脫漏，據《新鍥斷易天機‧占疾病‧海底眼云》原文補入。

㊂「官」，原本作「客」，疑誤，據《新鍥斷易天機‧占疾病‧海底眼云》原文改作。

占病證

候證金同木四肢，感寒痰喘氣尪羸①，辰戌胃胸生嘔逆，丑連腹肚未傷脾。

火動熱極三焦渴，血心眼目及瘡痍，水主發寒因冷得，泄瀉②虛勞耳腎衰。

土動生吐，水動生瀉，木動發寒，火動發熱，金動四肢或滿悶。

木主足，金主頭，土主胸腹，火主手，水主耳腎。

飛伏俱旺相，飛為起因，以伏為受病。

又：世為動爻在內，下受病。應為動爻在外，上受病。間爻動，主胸膈病。

《易鏡》云：且如長男受病，宜純《震》之不搖。少女染疾，則《兌》卦之不動。

注釋

①尪羸（wāng léi）：瘦弱。亦指瘦弱之人。

②泄瀉（xièxiè）：病名。中醫上指一種腸病。泄為大便多水而不凝結的排出，瀉指大便稀清如水，迅速排出。多因腸道功能不佳，使糞便含大量水分的疾病。

占祟

何以辨分神與祟，八純鬼旺可求神，艮廟五郎離井灶，乾出天神坎水神。
震巽願牽東嶽下，坤出家神宅不寧，兌有師巫神佛施，鬼爻動卦亦占親。
伏下交重主禍隨，遊魂絕命夢中知，金木二爻為橫惡，火癆帶血土瘟時。
坎象臨官求落水，乾坎艮震是男兒，要知內外何人作，廟動家親更莫疑。
旺相為神，休囚為鬼。動爻剋世剋日，亦可取祟。
《易鏡》云：「察禍推其鬼處，還將身配六親，相剋相生，便見禍之端的」。
父動剋日求祖先，或因修造不安然，財興剋印陰私惱，或因買物禍來纏。
子孫剋日兒女作，或是妖邪畜類傳，兄動剋日沖無主，路死傷亡作禍先。
官來剋日招邪祟，或是神明口願牽，更將日干分老幼，仔細推詳勿亂言。

六爻各有定體

上爻	公婆	祖先
五爻	父母	口願
四爻	叔伯	土神
三爻	弟兄	門戶
二爻	夫妻	土地
初爻	小口	司命

占還賽

還賽神祇求保護，大要生身旺子孫，五世遊魂還未盡，傷身鬼旺禍難分。
福德動吉，只以親爻取。

占行人

久望行人欲候歸，爻神出現必歸期，信來父母交重發，旺相生扶可待時。
鬼動剋身凶信至，若不還之禍必隨㊀，要知行者來何日，先問來人占是誰。
占家親在外，以墓為歸。若爻神出現，無日辰刑剋，行人可待。若在遠路，看用爻值何月建，以定行人。

又曰

動變行人應取之，日辰生旺定歸期，出現有氣生剋世，不落空亡亦主歸。
間動人來又阻期，月破親爻去不回，伏藏扶世日辰出，消息遠來無改移。
但以足爻、身爻動，行人皆至。世空來速，應空越旬，歸魂卦、世動不來，或別處去。

校勘記：

㊀「若不還之禍必隨」，原本作「若不遺忘禍必隨」，疑誤，據《新鍥斷易天機・占行人・海底眼云》原文改作。

占出行

遠行世墓身難動，鬼發財興莫上舟，絕命遊魂休舉步，扶身福德任前求。父母發兮風雨阻，動爻剋世路艱難，子孫出現官爻伏，旺相財爻千里安。世動宜行，世應俱動宜速行，傍爻動利遲行，八純不宜遠出，世墓方大忌。又云：凡占遠行，財旺子孫持世，大吉。財為行李，子為福神。又云：鬼旺多凶。若鬼爻持世，兄弟獨發，及鬼爻乘旺，入墓占身，遊魂八純，皆不可行㊀。

校勘記：

㊀「又云」後內容，原本脫漏，據《新鍥斷易天機·占出行·海底眼云》原文補入。

占謁人

謁人須問謁何人，世應坐鬼枉勞心，用爻出現不乘吉，往之必不在家庭。

占添進人口

添人進口求財福，財為奴婢要安然，應爻變動人難托，財動休囚心必偏。
父母動兮居不久，鬼多交變禍連綿，兄動家中生口舌，財陷空亡事不圓。

占家宅

遷動占家起蓋同，先尋父母在何宮，最要財爻無損害，子孫出現得榮豐。
鬼旺交重災禍至，動爻剋世主人凶，父動住家多惱括，絕命遊魂最不中。

占墳葬

壘土立墳占向後，五事俱全不要傷，父動必是還魂地，在艮亡人可葬山。巳午離宮宜火化，葬之白蟻不能安，兄動木爻風勢惡，財動家衰禍事干。穴中有水泉渠破，穴上安金在石崗，但得子孫無損害，枝枝葉葉永無妨。未葬之時擇地，以父母為主。已葬了時擇屍，以官鬼為主。最凶者，鬼旺動剋世也，官鬼要休囚安靜。世為家長，應為卑幼，六親財為家業，子孫為祭祀。並宜靜，不可動。

占陰晴

天象陰晴父母推，雨雲擊剝五行隨，子孫霞氣並雲彩，冬水冰寒雪不移。財動乍晴陰不定，弟動㊀風霧露霜持，鬼興霹靂神龍急，雷雹滂沱閃電飛。水動雨兮土動陰，木動生風火動晴，卦中無水必無雨，六爻無火不光明。外卦有動，看變出者，是水爻出現有雨。一爻變出水爻，亦有雨。

又云：

坎兌滂沱坤艮陰，震巽風雷雨便晴，但向外宮分緊慢，乾離二象主晴明。

蓋取坎水兌澤為雨之象，坤艮為陰，必難晴霽。

上爻	羸	不久
五爻	滿	滂沱
四爻	聚	連日
三爻	散	不定
二爻	主	微細
初爻	虧	漸布

校勘記：

㊀「動」，原本作「兄」，疑誤，據《新鍥斷易天機•占天時•海底眼云》原文改。

占覆射

覆射包涵世應中，方圓表裡在何宮，旺扶重大實沉厚，休囚輕小細微空。父母持世為殺物，光華藥石子孫同，妻財受用或能食，兄弟爻持物不中。

官鬼為正物，隨五行取之。應為表，為皮毛；世為裡，為形狀。陽為天，主圓；陰為地，主方。應在外主長，應在內主短。應旺相主新，應休囚主舊。子孫為色，財旺能食。表受刑剋則虛，落空亡無皮。裡受刑剋則虛，落空亡無裡。形圓受刑剋、月破、日破，不圓。方受刑剋，月破日破，不方。子動物有足，兄動物有皮，財動物可食，父動物生氣，官動物不中。五鄉一鄉不入，亦可取色。物合則圓，扶則長，生則方，剋則損，刑則尖。

占征戰

出戰交鋒問敗贏，怕嫌鬼旺剋持身，世墓我軍不可動，應衰彼陣折人兵。
世坐陰宮宜後舉，身臨陽象利先征，子孫得地將軍勝，妻財糧草要相應。
火鬼剋身防劫寨，水發官鄉不可停，土動八方兵不一，木官生世有增兵。
金火不宜持世應，兩家流血害交征，兄弟奪糧嫌變發，父母旌旗忌動興。
土為炮石金為刃，木為舟車火為營，動爻剋世防刺客，世應俱空報太平。

雜占門例

且如春卜《需》卦，上六爻之《小畜》：

伏神坤家酉金，上有戊子變，化入辛卯充刑，便是坤宮義財之子。

斷云：女子之家，喪亂、陰私、寡婦、娼妓。常人慎失，憂官、女病，一生九死。

《海底眼》教例：006

時間：春

占事：

	坤宮：水天需（遊魂）				巽宮：風天小畜		
伏神	**本　卦**				**變　卦**		
子孫癸酉金	妻財戊子水	⚋		╳→	官鬼辛卯木	⚊	
	兄弟戊戌土	⚊			父母辛巳火	⚊	
	子孫戊申金	⚋	世		兄弟辛未土	⚋	應
	兄弟甲辰土	⚊			兄弟甲辰土	⚊	
	官鬼甲寅木	⚊			官鬼甲寅木	⚊	
	妻財甲子水	⚊	應		妻財甲子水	⚊	世

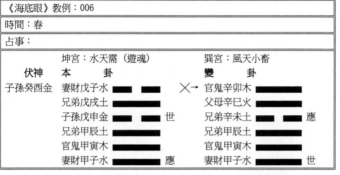

假令《萃》之《豫》卦：

《海底眼》教例：007						
時間：						
占事：						
	兌宮：澤地萃				震宮：雷地豫（六合）	
伏神	**本　　卦**				**變　　卦**	
	父母丁未土	▅▅ ▅▅			父母庚戌土	▅▅ ▅▅
	兄弟丁酉金	▅▅▅▅▅	應	○→	兄弟庚申金	▅▅ ▅▅
	子孫丁亥水	▅▅▅▅▅			官鬼庚午火	▅▅▅▅▅ 應
	妻財乙卯木	▅▅ ▅▅			妻財乙卯木	▅▅ ▅▅
妻財丁卯木	官鬼乙巳火	▅▅ ▅▅	世		官鬼乙巳火	▅▅ ▅▅
	父母乙未土	▅▅ ▅▅			父母乙未土	▅▅ ▅▅ 世

動爻剋世下伏神，斯為橫禍臨門。最是妻財悲苦，愁生萬緒，總被賊之分財。縱使自有家財，當被女人用度。或若欠他人財物，速便還他，稍有遲疑，立見陳詞官府。緣世下伏神丁卯，乃兌宮本祖家財，今疏乙巳火爻，乃是其家客鬼。丁酉遇剋，遞互相欺，稍入陰私即好，通和而已。

五行定位動爻加臨法

水：北方之氣，首一數，為五十中之一六，在鄉為㊀子孫，在物為輕細微小。故水動能潤萬物，而為子孫也。

木：東方之氣，是生兩儀。自立春之後，草木甲拆，萬物暢茂。在鄉為妻財，類物為厚實重大，天三地八之數。故木動能結物，而為妻財也。

火：南方之氣，始生三才。離日當中，聖人南面，而臨天下。在鄉為父母，類物為至重至大，天七地二之數。故火動能實物，而為父母也。

金：西方之氣，始生四象。自立秋之後，草木凋敝，秋行殺令。在鄉為官鬼，在物為輕重不等，天九地四之數。故金動能殺物，而為官鬼也。

土：辰戌丑未中央之氣，始分八卦。八卦定吉凶，吉凶生大業，四時運用，濟物利人。在鄉為不定之爻，類物為虛實表裡，天五地十之數。故土動則生養萬物，而為不定之爻也。

校勘記：

㊀「六，在鄉為」，原本此處缺四個字，據其後文體例補入。

四德用神

春震巽寅卯木，夏離巳午火，秋乾兌申酉金，冬坎亥子水。

凡喜事得時生助為吉，凶事得時刑剋為害。

且如㊀春占，丙申日卜得《剝》卦，求財？

《海底眼》教例：008			
時間：春月　丙申日（日空：辰巳）			
占事：求財？			
	乾宮：山地剝		
六神	**本　　卦**		
青龍	妻財丙寅木	▅▅▅▅	
玄武	子孫丙子水	▅▅　▅▅	世
白虎	父母丙戌土	▅▅　▅▅	
騰蛇	妻財乙卯木	▅▅　▅▅	
勾陳	官鬼乙巳火	▅▅　▅▅	應
朱雀	父母乙未土	▅▅　▅▅	

蓋乾宮以寅卯木為㊁妻財，乘旺地，雖日辰丙申金，而不能剋㊂旺財。故《乾·文言》㊃云：「君子行此四德，故曰：乾㊄，元亨利貞」。

校勘記：

㊀「如」，原本缺一字，據其文意補入。
㊁「為」，原本缺一字，據其文意補入。
㊂「剋」，原本缺一字，據其文意補入。
㊃「《乾·文言》」，原本缺一字，據其文意補入。
㊄「乾」，原本脫漏，據《易經·乾·文言》原文補入。

四時空亡

春土，夏金，秋木，冬火

凡卦有旺氣，不可見此爻，故不能用也。

虎易按：原版頁面至此結束，從其內容看，此節內容不夠完整，應該還有內容脫漏了。此「四時空亡」的內容，即其他著作所說的「真空」。《卜筮全書•用爻空亡訣》曰：「春土夏金秋是木，三冬逢火是真空」，（春之辰戌丑未，夏之申酉，秋之寅卯，冬之巳午，四季月之亥子，是為真空）。讀者可參閱其他相關著作，學習和理解「四時空亡」的內容。

六親用鈐

虎易按：本書後集目錄有「六親用鈐」標題，但影印版至「四時空亡」，後面的內容都沒有了，估計（四時空亡）內容也有脫漏，「六親用鈐」內容全脫。據《鼎鍥卜筮鬼谷源流斷易天機大全》補入此節內容。

（一）看世爻旺相發用，忌應爻刑墓剋世。不畏沖，春夏《大壯》卦是也。

《海底眼》教例：009		
時間：春夏		
占事：		
坤宮：雷天大壯（六沖）		
本　　卦		
兄弟庚戌土	▅▅　▅▅	
子孫庚申金	▅▅　▅▅	
父母庚午火	▅▅▅▅▅	世
兄弟甲辰土	▅▅▅▅▅	
官鬼甲寅木	▅▅▅▅▅	
妻財甲子水	▅▅▅▅▅	應

虎易按：「不畏沖，春夏《大壯》卦是也」，指《大壯》卦應爻子水與世爻午火相沖，但春天世爻得木月氣所生，夏天世爻得火月氣拱扶，所以不畏水爻沖。

若月建持世，或日辰生扶世，或日辰沖剋應爻，卻喜之。

（二）看世下財官有無。

用官伏世下，忌伏財。用財伏世下，忌伏官。卻要日辰生扶用爻。

如用官，要官爻直日，或透文書。

用財，要妻財直日，或子孫直日生財。

假令子爻為財，申金旺相直日，為子孫生財，吉。

假令亥爻為官，木旺相直日為文書，事也成。

（三）看財官出現。

旺相有氣成，休囚無氣不成。若日辰旺相，生用卻成。

假令酉爻為財出現，夏占未日是也。

子見子、亥見亥為比，能生能剋。子見亥、亥見子為不比，不能生不能剋。比者，乃一家之事也。

（四）看財官旺相，伏於何爻之下。

用官喜伏官鬼父母下，忌伏財於兄弟下。

用財喜伏子之下，忌伏鬼兄之下。須是財官透出直日辰，或日辰旺相，剋去鬼爻。

（五）看忌爻持世。

用官忌子持世，用財忌兄持世。須是日辰旺相，透出用爻方不畏，亦費力中得。

（六）看一爻獨發。

用官官旺相，伏藏動要生世。

用父母旺相，伏藏要生世。

用財財旺相，伏藏動要生世。

用子旺相，伏藏出現動亦有。

若用爻出現，或休囚，皆忌動。

校注參考文獻資料

《史記》
《漢書》
《宋史》
《易緯》
《舊唐書》
《火珠林》
《京氏易傳》
《朱子語類》
《五行大義》
《卜筮元龜》
《卜筮全書》
《易林補遺》
《增刪卜易》
《新增六神賦》
《御定星曆考原》

《海底眼》清抄本

《鼎鍥卜筮啟蒙便讀通玄斷易大全》

《鼎鍥卜筮鬼谷源流斷易天機大全》

《新鍥纂集諸家全書大成斷易天機》

初校稿完成於：2008年11月19日

二校稿完成於：2009年4月26日

三校注釋定稿：2011年8月12日

重校注釋定稿：2016年6月12日

統一重校定稿：2019年7月9日

京氏易學愛好者　湖北省潛江市　虎易

網名：虎易

QQ：77090074

微信：wxid_e9cvbx1mugcf22

電子郵箱：tiger1955@163.com

新浪博客：http://blog.sina.com.cn/hbhy

http://blog.sina.com.cn/u/1248458677

占筮類			
1	擲地金聲搜精秘訣	心一堂編	沈氏研易樓藏稀見易占秘鈔本
2	卜易拆字秘傳百日通	心一堂編	
3	易占陽宅六十四卦秘斷	心一堂編	火珠林占陽宅風水秘鈔本
星命類			
4	斗數宣微	【民國】王裁珊	民初最重要斗數著述之一；未刪改本
5	斗數觀測錄	【民國】王裁珊	失傳民初斗數重要著作
6	《地星會源》《斗數綱要》合刊	心一堂編	失傳的第三種飛星斗數
7	《斗數秘鈔》《紫微斗數之捷徑》合刊	心一堂編	珍稀「紫微斗數」舊鈔秘本
8	斗數演例	心一堂編	
9	紫微斗數全書（清初刻原本）	題【宋】陳希夷	斗數全書本來面目；有別於錯誤極多的坊本
10-12	鐵板神數（清刻足本）——附秘鈔密碼表	題【宋】邵雍	無錯漏原版　秘鈔密碼表　首次公開！
13-15	蠢子數纏度	題【宋】邵雍	蠢子數連密碼表　打破數百年秘傳　首次公開！
16-19	皇極數	題【宋】邵雍	清鈔孤本附起例及完整密碼表　研究神數必讀！
20-21	邵夫子先天神數	題【宋】邵雍	附手鈔密碼表　研究神數必讀！
22	八刻分經定數（密碼表）	題【宋】邵雍	皇極數另一版本；附手鈔密碼表
23	新命理探原	【民國】袁樹珊	子平命理必讀教科書！
24-25	袁氏命譜	【民國】袁樹珊	
26	韋氏命學講義	【民國】韋千里	民初二大命理家南袁北韋
27	千里命稿	【民國】韋千里	北韋之命理經典
28	精選命理約言	【民國】韋千里	
29	滴天髓闡微——附李雨田命理初學捷徑	【民國】袁樹珊、李雨田	命理經典未刪改足本
30	段氏白話命學綱要	【民國】段方	民初命理經典最淺白易懂
31	命理用神精華	【民國】王心田	學命理者之寶鏡

32	命學探驪集	【民國】張巢雲	發前人所未發　稀見民初子平命理著作
33	澹園命談	【民國】高澹園	
34	算命一讀通——鴻福齊天	【民國】不空居士、覺先居士合纂	
35	子平玄理	【民國】施惕君	
36	星命風水秘傳百日通	心一堂編	
37	命理大四字金前定	題【晉】鬼谷子王詡	源自元代算命術
38	命理斷語義理源深	心一堂編	稀見清代批命斷語及活套
39-40	文武星案	【明】陸位	失傳四百年《張果星宗》姊妹篇　千多星盤命例　研究命學必備
相術類			
41	新相人學講義	【民國】楊叔和	失傳民初白話文相術書
42	手相學淺說	【民國】黃龍	民初中西結合手相學經典
43	大清相法	心一堂編	重現失傳經典相書
44	相法易知	心一堂編	
45	相法秘傳百日通	心一堂編	
堪輿類			
46	靈城精義箋	【清】沈竹礽	沈氏玄空遺珍　玄空風水必讀
47	地理辨正抉要	【清】沈竹礽	
48	《玄空古義四種通釋》《地理疑義答問》合刊	沈瓞民	
49	《沈氏玄空吹虀室雜存》《玄空捷訣》合刊	【民國】申聽禪	
50	漢鏡齋堪輿小識	【民國】查國珍、沈瓞民	
51	堪輿一覽	【清】孫竹田	失傳已久的無常派玄空經典
52	章仲山挨星秘訣（修定版）	【清】章仲山	章仲山無常派玄空珍秘　門內秘本首次公開　沈竹礽等大師尋覓一生末得之珍本！
53	臨穴指南	【清】章仲山	
54	章仲山宅案附無常派玄空秘要	心一堂編	
55	地理辨正補	【清】朱小鶴	玄空六派蘇州派代表作
56	陽宅覺元氏新書	【清】元祝垚	簡易・有效・神驗之玄空陽宅法
57	地學鐵骨秘　附　吳師青藏命理大易數	【民國】吳師青	釋玄空廣東派地學之秘
58-61	四秘全書十二種（清刻原本）	【清】尹一勺	玄空湘楚派經典本來面目　有別於錯誤極多的坊本

62	地理辨正補註　附 元空秘旨　天元五歌　玄空精髓　心法秘訣等數種合刊	【民國】胡仲言	貫通易理、巒頭、三元、三合、天星、中醫
63	地理辨正自解	【清】李思白	公開玄空家「分率尺、工部尺、量天尺」之秘
64	許氏地理辨正釋義	【民國】許錦灝	民國易學名家黃元炳力薦
65	地理辨正天玉經內傳要訣圖解	【清】程懷榮	秘訣一語道破，圖文并茂
66	謝氏地理書	【民國】謝復	玄空體用兼備、深入淺出
67	論山水元運易理斷驗、三元氣運說附紫白訣等五種合刊	【宋】吳景鸞等	失傳古本《玄空秘旨》《紫白訣》
68	星卦奧義圖訣	【清】施安仁	三元玄空門內秘笈　清鈔孤本 過去均為必須守秘不能公開秘密 與今天流行飛星法不同
69	三元地學秘傳	【清】何文源	
70	三元玄空挨星四十八局圖說	心一堂編	
71	三元挨星秘訣仙傳	心一堂編	
72	三元地理正傳	心一堂編	
73	三元天心正運	心一堂編	
74	元空紫白陽宅秘旨	心一堂編	
75	玄空挨星秘圖　附 堪輿指迷	心一堂編	
76	姚氏地理辨正圖說　附 地理九星并挨星真訣全圖　秘傳河圖精義等數種合刊	【清】姚文田等	蓮池心法　玄空六法 門內秘鈔本首次公開
77	元空法鑑批點本——附 法鑑口授訣要、秘傳玄空三鑑奧義匯鈔　合刊	【清】曾懷玉等	
78	元空法鑑心法	【清】曾懷玉等	
79	曾懷玉增批蔣徒傳天玉經補註【新修訂版原（彩）色本】	【清】項木林、曾懷玉	
80	地理學新義	【民國】俞仁宇撰	揭開連城派風水之秘
81	地理辨正揭隱（足本）　附連城派秘鈔口訣	【民國】王邈達	
82	趙連城傳地理秘訣附雪庵和尚字字金	【明】趙連城	
83	趙連城秘傳楊公地理真訣	【明】趙連城	
84	地理法門全書	仗溪子、芝罘子	巒頭風水，內容簡核、深入淺出
85	地理方外別傳	【清】熙齋上人	巒頭形勢、「望氣」「鑑神」
86	地理輯要	【清】余鵬	集地理經典之精要
87	地理秘珍	【清】錫九氏	巒頭、三合天星，圖文並茂
88	《羅經舉要》附《附三合天機秘訣》	【清】賈長吉	清鈔孤本羅經、三合訣法圖解
89－90	嚴陵張九儀增釋地理琢玉斧巒	【清】張九儀	清初三合風水名家張九儀經典清刻原本！

91	地學形勢摘要	心一堂編	形家秘鈔珍本
92	《平洋地理入門》《巒頭圖解》合刊	【清】盧崇台	平洋水法、形家秘本
93	《鑒水極玄經》《秘授水法》合刊	【唐】司馬頭陀、【清】鮑湘襟	千古之秘，不可妄傳匪人
94	平洋地理闡秘	心一堂編	雲間三元平洋形法秘鈔珍本
95	地經圖說	【清】余九皋	形勢理氣、精繪圖文
96	司馬頭陀地鉗	【唐】司馬頭陀	流傳極稀《地鉗》
97	欽天監地理醒世切要辨論	【清】欽天監	公開清代皇室御用風水真本
三式類			
98－99	大六壬尋源二種	【清】張純照	六壬入門、占課指南
100	六壬教科六壬鑰	【民國】蔣問天	由淺入深，首尾悉備
101	壬課總訣	心一堂編	過去術家不外傳的珍稀六壬術秘鈔本
102	六壬秘斷	心一堂編	
103	大六壬類闡	心一堂編	
104	六壬秘笈——韋千里占卜講義	【民國】韋千里	六壬入門必備
105	壬學述古	【民國】曹仁麟	依法占之，「無不神驗」
106	奇門揭要	心一堂編	集「法奇門」、「術奇門」精要
107	奇門行軍要略	【清】劉文瀾	條理清晰、簡明易用
108	奇門大宗直旨	劉毗	天下孤本　首次公開　虛白廬藏本《秘藏遁甲天機》
109	奇門三奇干支神應	馮繼明	
110	奇門仙機	題【漢】張子房	奇門不傳之秘　應驗如神
111	奇門心法秘纂	題【漢】韓信（淮陰侯）	
112	奇門廬中闡秘	題【三國】諸葛武侯註	
選擇類			
113－114	儀度六壬選日要訣	【清】張九儀	清初三合風水名家張九儀擇日秘傳
115	天元選擇辨正	【清】一園主人	釋蔣大鴻天元選擇法
其他類			
116	述卜筮星相學	【民國】袁樹珊	民初二大命理家南袁北韋　南袁之術數經典
117－120	中國歷代卜人傳	【民國】袁樹珊	

占筮類			
121	卜易指南(二種)	【清】張孝宜	民國經典，補《增刪卜易》之不足
122	未來先知秘術——文王神課	【民國】張了凡	內容淺白、言簡意賅、條理分明
星命類			
123	人的運氣	汪季高(雙桐館主)	五六十年香港報章專欄結集！
124	命理尋源	【民國】徐樂吾	民國三大子平命理家徐樂吾必讀經典！
125	訂正滴天髓徵義		
126	滴天髓補註 附 子平一得		
127	窮通寶鑑評註 附 增補月談賦 四書子平		
128	古今名人命鑑		
129-130	紫微斗數捷覽(明刊孤本)[原(彩)色本] 附 點校本 (上)(下)	馮一、心一堂術數古籍整理編校小組 整理	明刊孤本 首次公開！
131	命學金聲	【民國】黃雲樵	民國名人八字、六壬奇門推命
132	命數叢譚	【民國】張雲溪	子平斗數共通、百多民國名人命例
133	定命錄	【民國】張一蟠	民國名人八十三命例詳細生平
134	《子平命術要訣》《知命篇》合刊	【民國】鄒文耀、【民國】胡仲言 撰	《子平命術要訣》科學命理；《知命篇》易理皇極、命理地理、奇門六壬互通
135	科學方式命理學	閻德潤博士	匯通八字、中醫、科學原理！
136	八字提要	韋千里	民國三大子平命理家韋千里必讀經典！
137	子平實驗錄	【民國】孟耐園	作者四十多年經驗 占卜奇靈 名震全國！
138	民國偉人星命錄	【民國】囂囂子	幾乎包括所民初總統及國務總理八字！
139	千里命鈔	韋千里	失傳民初三大命理家-韋千里 代表作
140	斗數命理新篇	張開卷	現代流行的「紫微斗數」內容及形式上深受本書影響
141	哲理電氣命數學——子平部	【民國】彭仕勛	命局按三等九級格局、不同術數互通借用
142	《人鑑——命理存驗·命理擷要》(原版足本)附《林庚白家傳》	【民國】林庚白	傳統子平學修正及革新、大量名人名例
143	《命學苑苑刊——新命》(第一集)附《名造評案》《名造類編》等	【民國】林庚白、張一蟠等撰	史上首個以「唯物史觀」來革新子平命學結集
相術類			
144	中西相人探原	【民國】袁樹珊	按人生百歲，所行部位，分類詳載
145	新相術	【美國】李拉克福原著、【民國】沈有乾編譯	通過觀察人的面相身形、色澤舉止等，得知性情、能力、習慣、優缺點等
146	骨相學	【民國】風萍生編著	結合醫學中生理及心理學，影響近代西、日、中相術深遠
147	人心觀破術 附運命與天稟	【日本】管原如庵、加藤孤雁原著，【民國】唐真如譯	觀破人心、運命與天稟的奧妙

178	《星氣(卦)通義(蔣大鴻秘本四十八局圖并打劫法)》《天驚秘訣》合刊	題【清】蔣大鴻 著	江西興國真傳三元風水秘本
179	蔣大鴻嫡傳天心相宅秘訣全圖附陽宅指南等秘書五種	【清】蔣大鴻編訂、【清】汪云吾、劉樂山註	蔣大鴻徒張仲馨秘傳陽宅風水「教科書」！
180	家傳三元地理秘書十三種		真天宮之秘　千金不易之寶
181	章仲山門內秘傳《堪輿奇書》附《天心正運》	【清】章仲山傳、【清】華湛恩	直洩無常派章仲山玄空風水不傳之秘
182	《挨星金口訣》、《王元極增批補圖七十二葬法訂本》合刊	[民國]王元極	秘中秘——玄空挨星真訣公開！字字千金！
183-184	《家傳三元古今名墓圖集附謝氏水鉗》《蔣氏三元名墓圖集》合刊(上)(下)	(清)孫景堂，劉樂山，張稼夫	蔣大鴻嫡傳風水宅案、幕講師、蔣大鴻、姜垚等名家多個實例，破禁公開！
185-186	《山洋指迷》足本兩種　附《尋龍歌》(上)(下)	【明】周景一	風水巒頭形家必讀《山洋指迷》足本！
187-196	蔣大鴻嫡傳水龍經注解　附　虛白廬藏珍本水龍經四種(1-10)	【清】蔣大鴻編訂、【清】楊臥雲、汪云吾、劉樂山註	蔣大鴻嫡傳一脈授徒秘笈　希世之寶　千年以來，師師相授之秘旨，破禁公開！完整了解蔣氏嫡派真傳一脈三元理、法、訣！附已知最古《水龍經》鈔本等五種稀見《水龍經》
197	批注地理辨正直解		
198	《天元五歌闡義》附《元空秘旨》(清刻原本)	【清】章仲山	無常派玄空必讀經典未刪改本！
199	心眼指要(清刻原本)		
200	華氏天心正運	【清】華湛恩	
201-202	批注地理辨正再辨直解合編(上)(下)	【清】蔣大鴻原著、【清】姚銘三再註、【清】章仲山直解	失傳姚銘三玄空經典重現人間！名家：沈竹礽、王元極推薦！
203	章仲山注《玄機賦》《元空秘旨》附《口訣中秘訣》《因象求義》等九種合刊	【清】章仲山	近三百年來首次公開！　章仲山無常派玄空秘密，和盤托出！章仲山注《玄機賦》及章仲山原傳之口訣及筆記
204	章仲山門內真傳《三元九運挨星篇》《運用篇》《挨星定局篇》《口訣篇》等合刊	【清】章仲山、柯遠峰等	
205	章仲山門內真傳《大玄空秘圖訣》《天驚訣》《飛星要訣》《九星斷略》《得益錄》等合刊	【清】章仲山、冬園子等	
206	撼龍經真義	吳師青註	近代香港名家吳師青必讀經典
207	章仲山嫡傳《翻卦挨星圖》《秘鈔元空秘旨》　附《秘鈔天元五歌闡義》	【清】章仲山傳、【清】王介如輯撰	透露章仲山家傳玄空嫡傳學習次弟及關鍵不傳之秘
208	章仲山嫡傳秘鈔《秘圖》《節錄心眼指要》合刊		
209	《談氏三元地理大玄空實驗》附《談養吾秘稿奇門占驗》	【民國】談養吾撰	史上首次公開「無常派」下卦起星等挨星秘密之書
210	《談氏三元地理濟世淺言》附《打開一條生路》		了解談氏入世的易學卦德爻象思想
211-215	《地理辨正集註》附　《六法金鎖秘》《巒頭指迷真詮》《作法雜綴》等(1-5)	【清】尋緣居士	集《地理辨正》一百零八家註解大成精華匯巒頭及蔣氏、六法、無常、湘楚等秘本史上最大篇幅的《地理辨正》註解
216	三元大玄空地理二宅實驗(足本修正版)	【民國】尤惜陰(演本法師)、榮柏雲撰	三元玄空無常派必讀經典足本修正版

217	蔣徒呂相烈傳《幕講度針》附《元空秘斷》《陰陽法竅》《挨星作用》	【清】呂相烈	蔣大鴻門人呂相烈三元秘本三百年來首次破禁公開！
218	挨星撮要（蔣徒呂相烈傳）		
219-221	《沈氏玄空挨星圖》《沈註章仲山宅斷未定稿》《沈氏玄空學（四卷原本）》合刊（上中下）	【清】沈竹礽　等	揭開沈氏玄空挨星五行吉凶斷的變化及不同用法 章仲山宅斷未刪本、沈氏玄空學原本佚文、玄空挨星圖稿鈔本　大公開！
222	地理穿透真傳（虛白廬藏清初刻原本）	【清】張九儀	三合天星家宗師張九儀畢生地學精華結集
223-224	地理元合會通二種（上）（下）	【清】姚炳奎	分發兩家（三元、三合）之秘，會通其用 詳解注羅盤（蔣盤、賴盤）；義理、斷驗俱精
其他類			
225	天運占星學　附　商業周期、股市粹言	吳師青	天星預測股市，神準經典
226	易元會運	馬翰如	《皇極經世》配卦以推演世運與國運
三式類			
227	大六壬指南（清初木刻五卷足本）		六壬學占驗課案必讀經典海內善本
228-229	甲遁真授秘集（批注本）（上）（下）	【清】薛鳳祚	明清皇家欽天監秘傳奇門遁甲 奇門、易經、皇極經世結合經典
230	奇門詮正	【民國】曹仁麟	簡易、明白、實用，無師自通！
231	大六壬探源	【民國】袁樹珊	民初三大命理家袁樹研究六壬四十餘年代表作
232	遁甲釋要	【民國】徐昂	推衍遁甲、易學、洛書九宮大義！
233	《六壬卦課》《河洛數釋》《演玄》合刊		疏理六壬、河洛數、太玄隱義！
234	六壬指南（【民國】黃企喬）	【民國】　黃企喬	失傳經典　大量實例
選擇類			
235	王元極校補天元選擇辨正	原【清】謝少暉輯、【民國】王元極校補	三元地理天星選日必讀
236	王元極選擇辨真全書　附　秘鈔風水選擇訣	【民國】王元極	王元極天昌館選擇之要旨
237	蔣大鴻嫡傳天星選擇秘書注解三種	【清】蔣大鴻編訂、【清】楊臥雲、汪云吾、劉樂山註	蔣大鴻陰陽二宅天星擇日日課案例！
238	增補選吉探源	【民國】袁樹珊	按表檢查，按圖索驥：簡易、實用！
239	《八風考略》《九宮撰略》《九宮考辨》合刊	沈瓞民	會通沈氏玄空飛星立極、配卦深義
其他類			
240	《中國原子哲學》附《易世》《易命》	馬翰如	國運、世運的推演及預言

心一堂術數古籍整理叢刊

全本校註增刪卜易	【清】野鶴老人	李凡丁（鼎升）校註
紫微斗數捷覽（明刊孤本）附點校本	傳【宋】陳希夷	馮一、心一堂術數古籍整理小組點校
紫微斗數全書古訣辨正	傳【宋】陳希夷	潘國森辨正
應天歌（修訂版）附格物至言	【宋】郭程撰　傳	莊圓整理
壬竅	【清】無無野人小蘇郎逸	劉浩君校訂
奇門祕覈（臺藏本）	【元】佚名	李鏘濤、鄭同校訂
臨穴指南選註	【清】章仲山　原著	梁國誠選註
皇極經世真詮—國運與世運	【宋】邵雍　原著	李光浦

心一堂當代術數文庫

增刪卜易之六爻古今分析	愚人
命理學教材（第一級）	段子昱
命理學教材 之 五行論命口訣	段子昱
斗數詳批蔣介石	潘國森
潘國森斗數教程（一）：入門篇	潘國森
紫微斗數登堂心得：三星秘訣篇——潘國森斗數教程（二）	潘國森
紫微斗數不再玄	犂民
玄空風水心得（增訂版）（附流年催旺化煞秘訣）	李泗達
玄空風水心得（二）——沈氏玄空學研究心得（修訂版）附流年飛星佈局	李泗達
廖氏家傳玄命風水學（一）——基礎篇及玄關地命篇	廖民生
廖氏家傳玄命風水學（二）——玄空斗秘篇	廖民生
廖氏家傳玄命風水學（三）——楊公鎮山訣篇附斷驗及調風水	廖民生
廖氏家傳玄命風水學（四）——秘訣篇：些子訣、兩元挨星、擇吉等	廖民生
《象數易——六爻透視：入門及推斷》修訂版	愚人
《象數易——六爻透視　財股兩望》	愚人
《象數易——六爻透視：病在何方》	愚人
《象數易——六爻透視：自身揭秘》	愚人
命卜隨筆	林子傑

心一堂易學經典文庫　已出版及即將出版書目

宋本焦氏易林（上）（下）	【漢】焦贛
周易易解（原版）（上）（下）	【清】沈竹礽
《周易示兒錄》附《周易說餘》	【清】沈竹礽
三易新論（上）（中）（下）	沈瓞民
《周易孟氏學》《周易孟氏學遺補》《孟氏易傳授考》	沈瓞民
京氏易八卷（清《木犀軒叢書》刊本）	【漢】京房
京氏易傳古本五種	【漢】京房
京氏易傳箋註	【民國】徐昂
推易始末	【清】毛奇齡
刪訂來氏象數圖說	【清】張恩霨
周易卦變解八宮說	【清】吳灌先
易觸	【清】賀子翼
易義淺述	何遯翁